현직 교사의 수능과 내신 공부법

국어는 **훈련**이다

현직 교사의 수능과 내신 공부법

국어는 훈련이다

이강휘 지음

'최소 7회 필요'

지상사
Jisangsa

머리말

어느 날, 굳은 표정으로 한 학생이 교무실로 들어옵니다. 그리고 다짜고짜 묻습니다.

"선생님, 국어 공부 어떻게 해야 해요?"

"조퇴하면 안 돼요?"를 빼면 교직 생활 중 아마 가장 많이 들어왔던 질문이 아닐까 싶습니다. 이런 학생들을 뿌리치기란 쉬운 일이 아닙니다. 그 자리에서 상담을 하고 함께 계획을 세워주면 그제야 표정이 바뀌며 교무실을 나갑니다. 힘들긴 하지만 학생의 생기 있는 표정을 볼 때 교사로서 느껴지는 보람도 있습니다. 어쩌면 이게 이 책을 쓰게 된 결정적인 동기일지도 모르지요.

이 책은 국어 공부 방법과 국어를 위해 필요한 사고력을 키우는 법, 효율적인 계획표 작성 방법과 목표량 등 지금까지 제가 교직에서 학생들을 만나며 국어 과목을 공부하고 가르치면서 연구해 온 성과를 집약시켜 놓은 결과물입니다. 최대한 구체적이고 쉽게 쓰려고 노력했지만 처음 보는 훈련법을 실제 바로 적용하는 것은 어렵겠죠. 전체 훈련법을 보고 단계적으로 접근해야 적용이 쉬울 겁니다. 따라서 책을 1회 정독하고 훈련 방식을 이해한 후 다시 펼쳐서 본격적인 훈련에 돌입하는 것을 권합니다.

이 책에서 설명하는 훈련 방식을 따르면 여러분의 국어 성적은 분명 좋아질 수 있습니다. 하지만 전제되어야 할 것이 있는데요. 관련된 고전 수필을 한 편을 제시하는 것으로 살짝 힌트를 드리려 합니다. 원문이 다소 긴 편이라 짧게 정리했습니다.

나는 벼슬을 내놓고 고향에 돌아가 지냈다. 어느 날 이웃 사람이 낚싯대를 만들어 주며 연못에서 낚시를 하는 것이 어떠냐는 제안을 했다. 하지만 종일토록 한 마리도 낚지 못했다. 그 때 한 객이 와 낚싯바늘을 보고는 "낚싯바늘

끝을 조금만 뻗치도록 해야 고기를 잡을 수 있네."라고 말했다. 그에 나는 낚싯바늘을 밖으로 펴 낚시를 하였으나 역시 한 마리도 잡지 못했다.

다음날 또 한 객이 와 낚싯바늘을 보고는 "낚싯바늘의 굽은 둘레를 좁게 하고 그 끝을 짧게 해야 하네."라고 말했다. 그에 나는 낚싯바늘을 고쳐 낚시를 하여 한 마리를 잡았다. 그 다음날 두 객이 왔기에 지난 일을 이야기하니 한 객이 "낚싯바늘은 괜찮네만 당기는 방법이 잘못되었네."라고 말했다. 그가 가르쳐준 방법대로 낚싯대를 당겨 서너 마리를 잡았다. 그러자 또 다른 객이 "고기 잡는 방법은 그게 전부이나 고기 잡는 묘리(妙理)는 그것만으로 될 수 없네."라고 말하며 나의 낚싯대로 낚시를 하니 마치 광주리에서 고기를 집어 올리는 것 같았다. 하여 내가 그에게 물었다. "나에게 그 묘리를 가르쳐줄 수 없나?"

그러자 그가 말했다.

"내가 가르칠 수 있는 것은 고기 잡는 방법뿐이네. 고기 잡는 묘리는 가르쳐 줄 수가 없네. 다만 이 정도의 얘기는 해줄 수 있겠네. 자네는 내가 가르쳐 준 방법대로 오랫동안 익히고 익히게. 그러면 자연 손은 가야할 곳에 가게 되고 마음은 이해할 곳을 이해하게 될 것이네. 그러면 간혹 묘리를 터득할 수도 있고 묘리의 극치를 다 할 수도 있으며 한 부분만을 깨달을 수도 있고 전혀 깨닫지 못해 의혹만 있을 수도 있으니, 이는 자네에게 달린 것이니 내가 해줄 수 있는 건 없네."

내 이 말로써 크게 깨달아 그의 말을 기록하여 스스로 살피고자 한다.

이 이야기를 통해 무엇이 전제되어야 하는지 알아챘나요? 이 책의 내용은 '고기를 잡는 방법' 안내서에 불과합니다. '방법'만 알고서는 이룰 수 있는 것은 아무것도 없습니다. '묘리'를 깨닫기 전에 가르쳐준 방법을 익히고 익혀야

하듯 성적을 올리기 위해서는 지루하고 지겨운 훈련을 참는 과정이 있어야 합니다. 이 책을 따라 훈련하면서 어려움도 느끼고 새로운 것을 깨닫는 과정이 있어야만 여러분만의 '묘리'가 만들어집니다. 이것을 위해서 가장 필요한 것은 여러분의 의지입니다. 공부에 대한 의지 없이 이룰 수 있는 것은 없습니다.

의지가 생기려면 목표가 있어야 합니다. 단지 '국어 1등급을 받겠다.'이라는 단편적인 목표로는 뜻을 이루기 힘듭니다. 자신이 되고 싶은 인간상부터 만들고 그런 사람이 되기 위해서 어떤 삶을 살아야할지 생각해 보는 시간을 가지세요. 그 과정에서 국어 1등급이 필요하다는 생각이 들 때 비로소 1등급을 받을 수 있을 만큼 공부할 수 있는 힘을 가지게 됩니다. 이 책을 펼쳐본 여러분은 분명 국어 공부에 대한 의지가 있는 학생임이 분명합니다. 훈련이 끝날 때까지, 그러니까 여러분 수능 성적표에 1등급이 찍힐 때까지 그 의지를 고스란히 가져가 주길 바랍니다.

마지막으로 하나만 당부할게요. 여러분의 학교에 여러 가지 창의적 체험 활동 프로그램이 이루어지고 있을 겁니다. 여러분이 1, 2학년이라면 적극적으로 참여하세요. 토론대회도 참여해보고, 과학 보고서도 써보고, 소논문도 기회가 되면 써보세요. 이런 활동들이 국어 공부에 도움이 되지 않는다는 생각은 오해입니다. 국어는 모든 과목을 아우르는 언어를 다루는 학문입니다. 다양한 활동을 통해 사고력을 기르고 언어 사용 능력을 기르는 것은 국어 공부의 기반이 됩니다.

내신 시험부터 수능 시험, 자기소개서나 면접까지 영향을 미치는 국어는 분명히 여러분에게 중요한 과목입니다. 그런 국어가 여러분의 꿈에 걸림돌이 아닌 꿈을 이루는 거름이 되기를 바랍니다. 그리고 이 책이 여러분의 꿈을 이루는데 조금이나마 도움이 될 수 있기를 바랍니다.

　책을 펴기까지 많은 분들의 도움이 있었습니다. 부족한 졸고에 흔쾌히 출판을 결정해 주신 지상사 최봉규 사장님 감사드립니다. 뜬금없이 내민 원고를 세심하게 점삭해 준 친구 강병선 선생을 비롯한 모든 선생님들 고맙습니다. 끝으로 힘든 수험생활 속에서 미소를 잃지 않는 장한 제자들, 그리고 가장 가까운 곳에서 늘 큰 힘이 되어주는 아내, 그리고 딸 하린이 고맙고 사랑합니다.

이강휘

차례

제 1편

국어 공부

왜, 국어는 훈련인가요?

한 야구 선수가 있습니다. 고등학교까지 에이스 대접을 받으면서 프로로 진출한 꽤나 실력 있는 선수입니다. 그런데 막상 프로에 진출하고 보니 고등학교 때 던지던 직구와 변화구가 통하지 않습니다. 선수는 자괴감에 빠졌으나 이내 훈련을 해야겠다고 생각했습니다. 남들보다 1시간 일찍 일어나서 던지고 다른 선수들이 휴가를 떠날 때도 훈련장에 남아 구슬땀을 흘렸습니다. 그러나 그는 끝내 프로에서 빛을 보지 못했습니다. 특별한 프로그램 없는 훈련으로 인한 어깨 부상이 그 원인이었습니다.

이 이야기가 단지 야구에 국한된 이야기일까요? 이게 여러분의 이야기일 수도 있습니다.

중학교 때까지 국어를 잘한다고 생각했던 학생이 있습니다. 그런데 막상 고등학교에 올라오니 중학교 때 성적의 반도 나오지 않습니다. 모의고사는 더 형편없습니다. 아무리 문제를 많이 풀어도 성적이 오르지 않습니다. 결국 그는 국어를 포기하는 '국포자'가 됩니다.

어때요? 비슷하지 않습니까? 이 책을 집어든 여러분은 '국포자'가 되지 않기 위해 몸부림치는 학생임이 틀림없습니다. 그리고 나름대로 열심히 국어를 공부하려고 노력했던 학생임이 분명합니다. 그런데 왜 성적이 오르지 않았을까요? 혹시 제대로 된 프로그램이 없이 단순한 암기 위주의 공부를 했거나 문제 풀이 위주의 공부만 고집하지 않았나요? 프로그램 없이 국어를 공부하는 것은 마구잡이식 훈련으로 어깨를 혹사시키는 것과 다를 바가 없습니다.

✻

좀처럼 구속이 나오지 않는 한 투수가 개막전에 투구 동작을 바꿔 구속을 올리기로 합니다. 코치로부터 왼발을 좀 더 앞으로 뻗고 팔의 각도를 더 올리면 5km/h의 구속이 더 붙을 거라는 충고를 들었습니다. 설명도 충분히 이해했고 실제로 연습 투구를 몇 번 해보니 구속이 더 나옵니다. 기대감과 함께 시작한 개막 경기, 그러나 이내 경쾌한 소리와 함께 그라운드에 선 투수가 고개를 숙입니다. 기대와 달리 구속이 전혀 오르지 않은 투수의 공을 타자가 놓칠 리 없습니다. 코치진의 분석 결과 구속이 오르지 않은 원인은 이 선수가 새로 배운 투구 자세를 익히는 훈련을 전혀 하지 않았다는 것이었습니다. 이론은 충분히 이해했으니 실전에서도 던질 수 있을 줄 알았는데 막상 실전에서 수정한 폼으로 던져보려니 마치 몸에 맞지 않는 옷을 입고 있는 불편했고 자연스러운 원래 폼으로 돌아온 것이었죠. 그러니 구속이 오를 수 없었던 거죠.

지금까지 책이나 인터넷에서 많은 국어 공부법을 접했을 것이고 유명하다는 수업도 찾아 들었던 학생도 있을 겁니다. 그런데도 성적이 변하지 않았다면 그 원인은 뭘까요? 공부법과 관련된 어떤 책이든 저자의 노하우와 경험, 고민이 묻어냈다는 점에서 가치 있는 내용이 담겨있다는 것은 의심의 여지가 없습니다. 잘나가는 일타강사의 수업은 말할 것도 없지요. 프로그램에는 문제가 없습니다. 문제는 여러분의 의지입니다. 배우기만 하고 훈련을 하지 않으면 그 배움은 효과를 발휘할 수 없습니다.

✻

이렇다 할 성적을 내지 못해 마음고생을 하던 데뷔 3년차 투수에게 어느 날 선배 투수가 다가와 '공을 던질 때 상체는 힘을 빼고 하체를 이용해라.'라고 충고를 합니다. 그 말을 듣고 공을 던져봅니다. 머리로는 이해가 되는데 몸은 도무지 따라주질 않습니다. 상체에 힘을 빼고 공을 던지니 도무지 공을 던질 수가 없는 겁니다. 선배를 찾아가서 몇 번 더 시범을 요구했고 그 폼을 따라서 연습했습니다. 매일 연습 전에 하체의 움직임과 중심 이동에 대해서 고민을 했고 그것을 의식하면서 공을 던지는 훈련을 했습니다. 어느 날, 좀처럼 변하지 않던 공의 움직임이 바뀌기 시작합니다. '아, 하체를 이용하는 것이 이런 것이구나.'라고 비로소 깨닫는 순간이었습니다. 그 선수는 그 해 데뷔 이래 최고의 성적을 낼 수 있었습니다.

국어도 똑같습니다. 제시하는 프로그램을 따라 오다가 힘들면 포기하고 원래 자신의 공부 방법으로 돌아가는 학생을 수도 없이 봐왔습니다. 당연히 처음은 힘듭니다. 다른 선수의 투구폼처럼 자신의 투구폼을 바꾸는 투수만큼이나 기존 자신의 공부법을 버리고 다른 사람의 공부법을 적용하는 것은 힘든 일이지요. 하지만 그것을 이겨내야 합니다. 잘 안되면 왜 잘 안 되는지, 어떻게 하면 적용할 수 있는지를 고민하지 않고서는 책이나 수업을 통해 배운 것을 다른 지문에 적용하는 것이 쉽지 않습니다. 처음에 잘 되지 않더라도 포기하지 않고 꾸준하게 적용해 보는 연습과 시행착오 끝에 오는 문제를 해결하려는 고민을 통해 스스로 깨달음을 얻어야 비로소 자신만의 공부법이 완성되고 비약적인 성장이 가능합니다.

'국어 공부는 훈련'입니다. 철저하게 만들어진 프로그램을 바탕으로 훈련해야 비로소 원하는 성적을 거둘 수 있습니다. 지금부터 제시할 내용은 여러분을 위한 최상의 국어 훈련 프로그램입니다. 이 프로그램은 여러분이 자신만의 공부법을 깨달을 때까지 안내할 것입니다. 깨달음을 얻기까지 분명히 힘들고 지치고 지겨울 겁니다. 때론 도망가고 싶을 수도 있고 방황할 수도 있습니다. 잠시만 방황하다 다시 돌아오십시오. 끝까지 함께 해 깨달음의 열매를 따는 여러분의 모습을 보길 원합니다.

여러분의 힘으로 여러분의 성적은 분명히 바뀔 수 있습니다. 자신을 믿으십시오.

Part2

국어를 공부해야 하는 이유

국어는 모든 과목의 기본이다
: 교과의 특성

　대학을 졸업한 지 꽤 되어서 그런지 대학 때 배웠던 국어교육학 내용이 가물가물합니다. 공부할 때는 교사가 되면 꼭 적용해보리라고 했던 이론들도 막상 교단에 서니 배운 걸 적용할 시간적, 정신적 여유가 없더군요. 그러다보니 어느새 공부했던 걸 다 잊어 버렸습니다. 그런데도 지금까지 기억하는 한마디가 있습니다. 그건 바로 '국어는 도구 교과'라는 말입니다. 아마 국어교육학 교재 제일 처음에 나오는 말이라서 그런가 봐요. 왜 다들 처음에는 열심히 하지 않습니까? 수학에서 집합 단원처럼.

　국어가 '도구 교과'라는 말은 국어는 다른 교과를 배우는 도구가 되는 교과라는 뜻입니다. 학교에서 타 교과 선생이 학생에게 하는 말을 들어보니 '국어는 도구 교과'라는 사실이 바로 와 닿더군요. 뭘 설명하다 학생이 못 알아들으면 "너는 국어부터 공부하고 와라."라고 하는데 제가 국어교사인지라 그런 말을 듣고 꿈쩍꿈쩍 놀란 적이 한두 번이 아닙니다. 학생이 선생님의 설명을 못 알아듣는 것은 여러 이유가 있겠죠. 어휘력이 부족하기 때문일 수도 있고 선생이 말하는 의도를 알아채지 못할 것일 수도 있지요. 생각해보면 어휘를 배우는 과목은 국어임이 분명합니다. 그리고 화자의 의도를 파악하는 것 역시 국어의 하위 교과인 화법이나 문학에서 하는 일이지요.

다른 교과가 지식을 담고 있다면 국어의 지식들은 대개 타 교과의 지식을 공부하기 위한 수단으로써의 역할을 합니다. 국어를 잘 하면 그만큼 다른 과목을 수월하게 공부할 수 있게 된다는 것이지요. 그러므로 국어 공부를 해야 합니다.

국어는 언어적 사고력을 기르는 과목이다
: :독서와 논술 관련

흔히 독서를 많이 하면 국어를 잘할 거라고 생각합니다. 하지만 그건 오해입니다. 독서를 잘해야 국어를 잘할 수 있습니다. 물론 독서를 많이 하면 책을 잘 읽을 가능성이 높아지는 것은 맞습니다만 국어 성적을 올리는 데에 있어서는 독서의 양보다 독서의 질이 더 많은 영향을 줍니다.

그 반대도 성립합니다. 국어를 잘하면 독서를 잘할 수 있습니다. 앞에서 국어는 '도구 교과'라고 했습니다. 따라서 국어는 독서를 하기 위한 도구로써의 역할도 하고 있다는 것이지요. 국어에 '독서'라는 하위 교과가 있는 것도 그 역할을 강조하기 위한 것입니다. 서울대는 대입에서 독서를 굉장히 강조합니다. 따라서 국어를 잘한다는 것은 단순히 국어 성적이 좋다는 것을 넘어서서 대입에서 유리한 위치를 차지할 수 있다는 것을 의미합니다.

이제 논술로 넘어가보죠. 제가 학교에 처음 들어왔을 때 학교에서 제게 논술 수업을 맡겼습니다. 논술에 관해선 아무 준비도 되어 있지 않은 초짜 교사에게 말이죠. 이유는 간단했습니다. 제 교과가 국어였기 때문이었습니다. 처음엔 국어 교사니까 논술을 가르쳐야 한다는 것은 미술 교사에게 운동장선 긋기를 시키는 거나 음악 교사에게 방송실 관리를 맡기는 거랑 비슷하다고 생각했습니다. 일종의 편견이라고 생각했죠. 그런데 막상 논술 수업을 준비해보니 생각이 바뀌더군요. 논술은 기본적으로 국어와 성격이 비슷했습니다. 논술 지문은 문학과 비문학이 적절히 섞여 있어서 국어 문제를 풀던 대로 읽어내면 내용 파악은 가능했고 출제자가 무얼 묻는지도 알 수 있는 구조로 되어 있거든요.

수업에 참여한 학생의 답을 보고 논술 실력과 국어 실력과의 연관성에 대해 확신을 가질 수 있었습니다. 다른 과목 성적은 그다지 눈에 띄지 않는데 국어만은 항상 1등급을 받던 학생이었습니다. 논술 공부는 물론 국어 공부도 제대로 하지 않는 학생이었죠. 한 마디로 국어에 특화된 친구였습니다. 그런데 그 친구가 써내는 답이 기가 막히더군요. 물론 문장이 매끄럽지는 않았지만 지문 분석력도 좋은데다가 출제자가 요구하는 것을 금방 알아채니 답안이 다른 학생과는 확연히 달랐습니다. 오히려 백일장 수상 경력이 있는 친구들, 그러니까 글을 잘 쓴다고 자신하던 학생을 지도하는 것이 더 어려웠습니다. 이 학생들은 자신의 주관이 강해서 출제자의 의도대로 글을 잘못 읽어내는 경향이 있어요. 게다가 답안을 써내는 데 시간도 많이 걸려서 항상 시간 조절에 실패했습니다. 이런 경우는 사고력의 방향을 바꿔야하기 때문에 지도하는 데 시간이 많이 걸리고 배우는 자신도 너무 힘들어합니다. 결국 논술전형을 포기하는 경우도 있지요.

논술 수업을 진행하면서 깨달은 것은 논술 실력은 글쓰기 능력으로 좌우되는 것이 아니라는 것, 그리고 논술 지문을 분석하는 것은 국어에서 요구하는 사고력과 일치한다는 것이었습니다. 따라서 국어를 잘하면 논술 실력도 는다고 할 수 있겠지요.

독서나 논술을 잘하고 싶다면 국어 공부를 하는 것이 맞습니다.

국어는 1교시에 친다
: :심리적 요인

개인적인 경험으로 이야기를 시작해보겠습니다. 수능을 쳤던 세대입니다. 국어교사를 꿈꿨던 이유는 생각보다 단순했습니다. 다른 과목에 비해 국어를 잘 했습니다. 그다지 열심히 공부하지 않아도 성적이 잘 나오더군요. 모의고사를 치면 국어영역(당시 언어영역)은 거의 만점을 받았습니다. 그래서 국어 공부를 정말 열심히 한 적은 없는 것 같습니다. 오해하실까봐 말씀드립니다만 잘난 척은 아닙니다. 수학은 정말 열심히 해도 성적이 안 나왔거든요.

수능 시험날 문제가 찾아왔습니다. 국어 듣기가 안 들리는 겁니다. 그 당시 듣기는 몸 풀기 문제 혹은 점수를 주는 문제라고 불릴 만큼 쉬웠습니다. 그런데 안 들렸습니다. 분명 우리말인데 무슨 말인지 모르겠더라고요. 그래서 듣기만으로도 3개 정도를 틀렸습니다. 멘탈이 무너지기 시작했습니다. 목표 대학을 가기 위해서 국어는 만점을 받아야 했거든요. 첫 시간에 멘탈이 약해졌으니 나머지 시험은 말할 것도 없었겠죠. 수능 시험 후 언어영역 채점을 하면서 이미 재수를 결정했습니다.

대입 시험은 엄청난 압박감을 가져오는 시험입니다. 공부하는 지금은 잘 와 닿지 않을지 몰라도 실제로 수능 시험 전날에는 압박감에 잠을 설치는 학생도 정말 많습니다. 실력 못지않게 정신력도 매우 중요한 시험이 수능입니다. 지금 생각하면 그날의 압박감과 긴장감을 이기지 못했던 것 같습니다. 그런 부담스러운 시험의 첫 시간을 장식하는 것이 국어입니다. 국어를 잘 쳐야 다른 과목에서 본인의 실력을 발휘할 수 있습니다.

많은 국어 선생님들께서 이런 이유로 국어가 중요하다고 말할 겁니다. 농담 같이 들릴지 몰라도 경험에 비춰 봤을 때 국어를 1교시에 친다는 사실 자체가 국어 공부를 해야 하는 이유라는 것은 다른 어떤 근거보다 설득력이 높습니다.

국어 훈련을 위한 준비

'뭐 질문법'과 '왜 질문법'

'뭐―질문법'이란?

: '뭐―질문법'(이건 제가 만든 용어입니다. 다른 데 가서 말해도 몰라요.)은 스스로에게 '이게 뭐지'라는 질문을 하는 것입니다. 어떤 용어나 단어 혹은 설명이 나오면 '이게 뭐지?'라고 스스로 물어보는 습관을 길러야 합니다. 사실 이건 모든 과목에서 통용되는 사고방식이기는 합니다만 특히 국어에서 매우 유용합니다. 이유는 뒤에서 설명할 '사용 방법'에서 제시하도록 하겠습니다.

'왜―질문법'이란?

: '왜―질문법'(이것 역시 제가 만든 용어입니다. 섣불리 다른 데 가서 말하지 마세요. 이 책을 읽지 않은 사람은 알아듣지 못합니다.)은 스스로에게 '왜 이렇게 되지?'라는 질문을 하라는 것입니다. 이 질문법은 용어(개념)와 그에 대한 설명 사이의 연결을 이해하는데 유용한 방법이며 본인이 생각하고 판단한 것에 대한 근거를 찾을 때도 사용됩니다.

'뭐, 왜-질문법' 사용 방법

사실 '뭐-질문법'과 '왜-질문법'은 시기와 방법이 따로 정해져 있는 것은 아닙니다. 모르는 것이 나오면 일단 묻고 보는 거지요. 그리고 그 답을 찾기 위해 노력하는 것. 그게 사실 궁극적인 '뭐, 왜-질문법'의 사용 방법입니다. 하지만 지금까지 한 번도 스스로에게 이런 질문을 해보지 않은 학생이 구체적인 안내 없이 곧바로 질문을 하고 답을 추론하는 과정을 해내기는 쉽지 않습니다. 그래서 지금부터 '뭐, 왜-질문법'의 구체적인 방법을 제시하고자 합니다.

다만 이건 꼭 명심했으면 좋겠습니다. 이제부터 제시하는 내용은 '뭐, 왜-질문법'을 적용하는 방법에 대한 안내를 위한 것이지 꼭 여기에만 적용하라는 얘기가 절대 아닙니다. 국어뿐만 아니라 모든 공부에서 '뭐, 왜-질문법'을 자유자재로 사용하는 것이 궁극적인 목표라는 것을 유념해 주세요.

1. 어휘 공부에서의 사용 방법

◈ **준비물: 노트 한 권(예쁜 노트 하나를 구입해서 '어휘 노트'로 만듭니다.)**

국어는 어휘력이 매우 중요한 과목입니다. 물론 다른 과목에서도 어휘력은 중요합니다만 국어는 어휘를 직접 다루는 과목이기에 더 중요하다고 볼 수 있지요. 그렇기 때문에 '뭐-질문법'을 자주 사용해야 합니다. (어휘 공부에서는 '뭐-질문법'만 사용합니다.)

지문에서 어떤 어휘가 나왔다고 칩시다. 그 어휘가 본인이 잘 모르는 어휘라면 이렇게 물어 보는 게 바로 '뭐-질문법'입니다.

'이게 뭐지?' 혹은 '이게 무슨 뜻이지?'

(소리 내어 말하는 것이 더 효과적입니다.)

이 질문에 대한 답을 찾기 위해서 일단 문맥적인 의미를 추론하려고 노력해야 합니다. 예를 들어보죠.

> 예술로서의 사진에 대해서는 여전히 논란이 많았지만 재현의 사실성을 확보
> 한다는 점에서 사진은 다른 어느 매체도 따라올 수 없는 독보적인 위치에 있
> 다는 점은 인정할 수밖에 없다.

단계 1. 뭐-질문) 앞의 지문에서 '재현'과 '독보적인'이라는 어휘의 의미를 몰
라서 전체 내용 파악이 안 된다는 가정을 합시다. 그러면 이런 질문이 나와야
합니다.

　　　'재현이 뭐지?' 그리고 '독보적이다'라는 말이 무슨 뜻이지?

'뭐–질문법'을 사용한 질문입니다. 간단하죠? 그런데 여기에서 끝내면 안
됩니다. 답을 찾아야겠죠? 모르는 어휘에 대한 문맥적 의미를 추론해봅니다.
단, 어휘의 의미를 추론할 때 사용하는 근거는 '단어 자체의 의미'와 '문맥'입
니다. 이걸 꼭 명심하십시오.

이제 사고 과정을 풀어보면 이 정도가 될 겁니다.

<u>사진이라는 것이 똑같이 베끼는 특성을 가지고 있으니까</u> 재현은 '베낀다'의 의미이겠
지.
<u>이 문장에서 '독보적인 위치'는 '최고의 위치'로 해석되니까</u> '독보적인'은 '최고의'라는
뜻 아닌가?

맞든 틀리든 추론의 이유를 써봅니다. 대신 밑줄 친 것처럼 근거는 분명
히 있어야 합니다. 그 근거는 거듭 언급하지만 '문맥'과 '단어 자체의 의미'입
니다. (여기에서는 '문맥'을 바탕으로 의미를 추론했죠? '단어 자체의 의미'를
통해 추론하는 것은 바로 뒤에 있는 '개념 공부에서의 사용 방법'을 참고하세
요.) 아래 정도로 정리해서 빈 공간에 써둡니다.

재현: 똑같이 베낀다?
독보적인: 최고의?

단계 2. 뭐-질문 해결) 사전을 통해 사전적 의미를 찾아 추론한 것과 비교해 봅니다.

> 재현: 다시 나타남, 혹은 다시 나타냄 (비슷한 말) 재생.
> 독보적: 남이 감히 따를 수 없을 정도로 뛰어남. 또는 그런 것.

사전적 의미를 보고 자신이 추론했던 결과와 비교해 봅니다. 사고 과정을 구술하면 이 정도가 되겠습니다.

> '재현'을 '똑같이 베낀다'라고 했는데 '다시 나타낸다'의 뜻이었군. '베낀다'도 그렇고 '다시 나타낸다'도 그렇고 '복사한다'의 의미를 가진다는 면에서는 비슷한 것 같긴 한데 미묘하게 다르네. 잘 알아둬야지.
> '독보적'은 '최고의'라고 해석했는데 '뛰어난'이라는 의미네. 이것도 비슷하지만 그래도 '뛰어난'이 좀 더 어울리는군.

이런 사고를 마친 후에 빈 공간에 사전적 의미를 적어둡니다. 그런데 주의할 점! 사전적 의미를 그대로 쓰는 것보다 여러분 나름대로의 말로 재구성해서 정리하거나 수식은 생략하고 필요한 내용만 요약해서 적어둡니다. 그래야 쉽게 받아들일 수 있습니다. 사전에 있는 말은 본인 것이 아니지만 재구성한 것은 본인의 말이기 때문이죠.

그럼 최종적으로 정리된 내용을 이런 식으로 '어휘 노트'에 작성합니다.

[1] 문장	예술로서의 사진에 대해서는 여전히 논란이 많았지만 <u>재현</u>의 사실성을 확보한다는 점에서 사진은 다른 어느 매체도 따라올 수 없는 <u>독보적인</u> 위치에 있다는 점은 인정할 수밖에 없다.			
[2] 날짜	[3] 연번	어휘	[4] 추측한 의미	[5] 사전적 의미
16.01.01	1	재현	어떤 것을 베낌	다시 나타냄
16.01.01	2	독보적인	최고의	뛰어난

[1] 문장: 문장을 적어놓으면 나중에 떠올리기도 좋고 공부했던 당시의 사고 과정을 회상하는 데도 도움이 됩니다. 따라서 문장을 적어둡니다.
[2] 날짜: 매일 공부한 양을 눈으로 확인하기 위해 날짜는 꼭 써둡니다.

이렇게 하다보면 처음에 국어 공부하는데 꽤 많은 시간이 걸리게 될 겁니
다. 그래도 이런저런 생각하지 말고 모르는 어휘가 너무 많은 경우에는 하루
에 5개 정도만 하겠다는 목표를 정하고 일단 실천해보기 바랍니다. 한 달 정
도만 하다보면 어휘력이 좋지 않았던 학생도 질문을 해야 하는 어휘의 양이
현격하게 줄어듭니다. 이것은 본인의 어휘력이 좋아졌다는 것을 의미합니다.
딱 한 달만 참고 실천해보시길 바랍니다.

여기서 **잠깐!** 　　사고 과정을 담아 노트를 만드는 이유

군이 사고과정을 담아 노트를 만드는 이유를 두 가지로 정리하겠습니
다. 첫째는 자신의 생각을 정리할 수 있습니다. 학생들은 '왜 그렇게 생각
했니?'라는 질문에 대답을 잘 못하는 경향이 있습니다. 자신의 생각을 정
리해서 말하는 것을 굉장히 어색해합니다. 그래서 보통 '그냥요.'라고 대답
하지요. 이 대답은 사실 생각을 정리하지 못했다는 것을 의미합니다. 사고
과정을 담아 노트를 만들면 생각을 정리하는 능력을 기를 수 있습니다.

둘째는 자신의 생각을 기억할 수 있습니다. 한 번 스쳐간 생각은 잘 기
억되지 않습니다. 그런데 우리는 본인의 판단이 맞았는지 확인해야 하기
때문에 확인하기 전의 판단을 기억해야 합니다. 예컨대, 어떤 학생이 A라
는 어휘의 문맥적 의미를 b라고 판단했다고 생각합시다. 그런데 사전을
찾아보니 사실 그건 a라는 의미였어요. 그런데 사전을 찾아보는 순간, '아,
난 원래 a라고 생각했었지.'라고 넘어가고 맙니다. 본인이 본래 A의 문맥적
의미를 알았던 것처럼 인지한다는 거지요. 이런 현상은 본능적인 현상입니
다. 그래야 마음이 편하거든요. 그렇지만 이런 식이라면 자신의 모르는 것
을 정확하게 확인할 수 없습니다. 그러니 당연히 발전도 없겠죠.

이런 두 가지 이유로 자신의 사고과정을 담는 것을 강조합니다.

2. 개념 공부에서의 사용 방법

❧ 준비물: 노트 한 권(어휘 노트보다 더 예쁜 노트를 구입해서 '개념 노트'로 만듭니다).

국어는 비교적 개념이 없는 과목(써놓고 보니 이상하군요.) 중 하나입니다. 그렇다고 개념이 중요하지 않은 과목이라는 말은 아닙니다. 특히 문법 영역에서 개념은 매우 중요하고 문학에서도 개념을 이용한 문제가 적어도 지문당 한 문제씩은 꼭 출제됩니다. 다른 과목과 마찬가지로 개념을 익히는 것은 국어 공부의 기본입니다.

개념을 익히는 데 '뭐, 왜-질문법'은 상당히 효과적입니다. 예를 들어 설명하는 것이 좀 더 이해하기 쉬울 것 같네요.

나는 이 겨울을 누워 지냈다./ 사랑하는 사람을 잃어 버려

㉠열주처럼 윤나게 국리던 / 동백도 끝이 나고
　　　직유법
바람도 불지 않아 / 이 겨울 누워서 편히 지냈다.

저 들에선 ㉡벌거벗은 나무들이 / 추워 울어도
　　　　객관적 상관물
서로 서로 기대어 숲이 되어도 / 나는 무관해서

문 한번 열지 않고 / 반추동물처럼 죽음만 꺼내 씹었다.
나는 누워서 편히 지냈다. / 사랑하는 사람을 잃어버린 / 이 겨울

-문정희, 「겨울 일기」

만약 이 시를 수업했다고 가정합시다. 선생님께서 ㉠에 밑줄을 치고 '직유법'이라고 써 주셨다고 생각합시다. (혹은 참고서에 이렇게 적혀있었다고 가정해도 됩니다.)

단계 1. 뭐 질문) 자, 이제 '뭐-질문법'을 사용할 때가 왔습니다. 질문은 이렇게 해야겠죠?

"직유법이 뭐지?"

직유법을 알면 이 질문은 가볍게 넘어가도 되겠지만 직유법을 모른다면 질문에 답을 추론해봐야 합니다. 여기에서는 모른다고 가정하고 답을 추론해 볼 겁니다.

일단 '직유'라는 말을 보고 추론할 수 있는 모든 배경지식을 다 끄집어냅니다. 앞에서 '뭐-질문법'의 답을 추론할 때의 기준을 제시했었습니다. 기억하나요? '문맥'과 '단어 자체의 의미'였죠. 여기에서는 '단어 자체의 의미'를 바탕으로 추론하는 것을 제시합니다. 여러분의 사고 과정을 가정해서 풀어 써 보겠습니다.

> **직?** ='직선'할 때 그 '직'인가? 그럼 '바르다'는 뜻인가? 아니면 '직접'할 때 그 '직'인가? 그럼 '직접'이라는 말이랑 연관이 있는 건가? 잘 모르겠다.
>
> **유?** =있을 유? 에이 설마 그건 아니겠지. 그럼 '비유'할 때 그 '유'인가? 그럼 '비유'랑 관련이 있는 건가? '있을 유'보다는 '비유'가 관련이 있겠지. 그럼 '직유'의 뜻은 바른 비유? 직접 비유? 뭐 그런 뜻인가?

거듭 말하지만 추론한 결과가 맞는지, 틀린지는 별로 중요하지 않습니다. 이런 사고 과정을 거친다는 것 자체가 중요합니다. 이 내용을 '개념 노트'에 작성합니다.

단계 2. 뭐-질문 해결) 인터넷 검색을 통해 '직유법'을 찾습니다. 대신 인터넷 검색을 이용한다면 반드시 비전문가가 쓴 내용이 아닌 백과사전의 내용을 참고해야 합니다. 국어 개념어를 정리해 둔 참고서를 참고해도 됩니다. 다만 선생님에게 질문하는 건 자제해 주세요. 선생님은 너무 친절해서 여러분이 생각해야할 부분까지도 미리 설명해 주실 수 있습니다. 질문은 나중에 할 겁니다.

사전에서 직유법의 개념을 찾으면 이렇게 나옵니다.

> **사전1) 직유법:** 비슷한 성질이나 모양을 가진 두 사물을 '같이', '처럼', '듯이'와 같은 연결어로 결합하여 직접 비유하는 수사법.

이것과 자신의 생각했던 것과 비교합니다. 이런 식의 사고 과정이 필요합니다.

직유의 '직'은 '직접', '유'는 '비유'라는 의미가 맞구나. 놀랍게도 내가 맞았어. 그런데 '비슷한 성질이나 모양을 가진 두 사물'을 연결한다는 건 알았는데, '직접 비유'라는 말이 무슨 말이지?

직접 비유에 대한 의문이 아직 풀리지 않았다면 다른 사전(포털 사이트는 다양한 백과사전을 모두 수록하고 있기 때문에 필요한 정보를 마음껏 찾을 수 있습니다.)을 이용해서 검색합니다.

> **사전2) 직유법:** 표현하고자 하는 대상 즉 원관념을 유사성이 있는 다른 대상, 즉 보조관념을 통해 나타내는 기법으로 'A와 B는 같다'는 형식을 취한다.
> **사전3) 직유법:** 2개의 사물을 직접적으로 비교하여 표현하는 방법으로 은유법은 내포된 비유를 사용하는 것에 비해 달리 겉으로 드러나는 비유를 사용한다.

이 정도를 찾았다면 자연스럽게 사고가 이런 식으로 연결되어야 합니다.

사전3에 따르면 '직접 비유'는 은유법과 다르게 겉으로 드러나게 비유한다는 의미로군. 사전1에서는 비슷한 성질이나 모양을 가진 두 사물이라고 했지만 사전2에서는 이걸 원관념과 보조관념이라고 이야기하고 있군. 그럼 원관념을 유사성이 있는 다른 대상으로 이용할 때 그 유사성이 겉으로 드러나게 표현하는 것을 '직유법'이라고 하는 거군.

물론 이런 사고를 거치려면 '비유'가 뭔지, '은유법'은 뭔지, '원관념'과 '보조관념'은 또 뭔지에 대한 질문이 계속 되어야합니다만 예가 너무 길어지면 지루하니까 그건 생략했습니다.

직유법은 설명이 됐으니까 은유법에 대한 설명을 하도록 하죠. 은유법은 원관념이 내포된 비유, 직유법은 원관념이 겉으로 드러나는 비유라는 차이점을 가집니다. 흔히 은유법을 'A(원관념)는 B(보조관념)이다.'라고 알고 있고 여기에서 A는 생략될 수 있다는 것 또한 알고 있는 학생이 꽤 많습니다. 그런데 A가 왜 생략될 수 있는지에 대해서는 잘 모르지요. 은유법의 정의가 원관념을 '숨긴다(내포시킨다)'는 것이기 때문에 A가 생략될 수 있는 겁니다. 따라서 직유법의 원관념과 달리 은유법의 원관념은 생략될 수 있는 특징을 가집니다. 그리고 A가 생략되니까 유사한 속성까지도 숨길 수 있는 것이죠. 참고로 은유의 '은(隱)'은 '숨기다'라는 의미를 가지고 있습니다.

은유법과 직유법의 공통점은 원관념과 보조관념이 유사한 속성을 가져야 한다는 것입니다. 그래야 비유가 성립되거든요. 예를 들어 '사과 같은 내 얼굴'에서 보조관념인 '사과'와 원관념인 '내 얼굴' 사이에는 유사한 점이 있으므로 직유법이 됩니다. (그 유사점은 생각하기 나름이지만 많은 사람이 수긍을 할 만해야 좋은 비유로 인정을 받습니다. 제 얼굴로 이런 비유를 썼다가는 인정받지 못하겠지요.)

비록 여기서는 직유법과 은유법만 설명했지만 이런 방법으로 개념을 깊이 있게 이해하게 되면 어떤 개념도 쉽게 잊어버리지 않습니다. 그리고 이런 깊이 있는 이해는 '뭐, 왜-질문법'을 통해서 가능하게 됩니다. 게다가 '뭐-질문법'을 제대로 사용하면 '직유법'을 공부하다가 '비유', '은유', '원관념', '보조관념'이라는 개념까지 몽땅 공부하게 됩니다. 그것도 완벽하게 이해하면서 말이죠. 이게 이 질문법의 위력입니다.

직유법은 중학교 때 '~처럼, ~같이'가 나오면 직유법이라고 배워서 그걸 써먹는 학생이 있을 수 있습니다. 그런데 왜 '~처럼, ~같이'가 나오면 직유법인지를 아는 학생은 별로 없습니다. 이 책은 '~처럼, ~같이'가 나오면 직유법이라는 사실을 암기하는 것을 목표도 두지 않습니다. '~처럼, ~같이'가 나오면 왜 직유법이라고 부르는가를 찾아보려고 노력하라는 것이 이 책에서 강조하고 있는 것입니다.

단계 3. 왜-질문) 이제 '왜-질문법'을 사용할 때입니다. 질문은 이런 식이 되어야 합니다.

"왜 ㉠(염주처럼 윤나게 굴리던 독백) 이것이 직유법이지?"

이 질문에 대한 답을 찾는 사고 과정이 필요합니다.

단계 4. 왜-질문 해결) 이 질문에 대한 답은 '뭐-질문법'에서 찾은 답과 '본문'에서 단서를 찾습니다. 사고 과정을 풀어써보죠.

'직유법'은 원관념을 유사성이 있는 다른 대상을 이용해서 나타내는 기법이라고 했지. 게다가 은유법과 다르게 원관념과 보조관념이 다 드러나 있다고 했어. 일단 원관념과 보조관념을 찾아보자. ㉠에서 원관념은 '독백'이고, 보조관념은 '염주'이겠구나. 이 둘은 '윤나게 굴린다.'는 공통점이 있군. '~처럼'도 썼고. 아 그래서 선생님이 ㉠을 직유법이라고 설명하신거구나.

이걸 정리하면 이 정도가 되겠네요.

직유법: 원관념을 그것과 유사성이 있는 보조관념을 통해 겉으로 드러나게 나타낸 것, '~처럼'으로 연결한다.

이런 사고 과정을 거쳐서 직유법이라는 것을 안 학생과 단순한 암기를 통해 같은 사실을 안 학생은 성적 향상 속도에서 엄청난 차이를 보입니다. '뭐, 왜-질문법'의 목적은 '이해력과 사고력 신장'입니다. '사고'를 바탕으로 개념을 '이해'하는 학습을 하는 학생은 기본이 탄탄하기 때문에 성적 향상도 탄력을 받을 수 있습니다. 만약 이것이 정확하게 연결이 되지 않으면 해설지를 보고, 그래도 모르겠다면 그때 선생님께 질문합니다.

　　선생님께 가서 '쌤, 이게 왜 직유법이에요?' 이렇게 묻지 않도록 하십시오. 이런 질문을 받은 선생님의 입장은 이렇습니다. '이놈이 수업 시간에 다 설명했는데 졸았구나.' 혹은 '생각도 안 해보고 질문을 하러 오는 학생이구나.' 정도로 생각하십니다. (실제로 제가 그렇습니다.)

　　따라서 '쌤, 이건 이러이러해서 직유법이 된다고 생각했는데 이게 맞나요?'처럼 자신의 사고 과정을 펼쳐 드리고 나서 선생님의 의견을 물으세요. 이런 질 높은 질문을 받는 선생님은 대체로 이렇게 생각하십니다. '이놈이 공부를 좀 하는 학생이구나.' 혹은 '이놈이 요즘 열심히 하는구나.' (이것도 역시 제가 그렇게 생각합니다.) 선생님 입장에서 이런 학생들은 참 대견합니다. 그래서 하나라도 더 가르쳐주고 싶어 하지요. 그러면 여러분이 미처 생각하지 못했던 힌트까지도 더 얻어올 수 있습니다. 게다가 사고 과정을 펼쳐 보이면 잘못된 부분을 선생님께서 정확히 짚어주실 수 있습니다. 자신의 사고 과정에서 어디가 잘못된 건지 확인하는데 선생님의 도움을 받을 수 있는 겁니다. 그러니까 부단히 질문하러 가되, 질문할 때는 꼭 자신의 사고 과정을 펼쳐주세요.

단계 1. 뭐-질문) 이번에는 ⓛ으로 가봅시다. ㉠보다는 내용상으로는 약간 어려울 수 있습니다만 방법은 같습니다. 선생님이 ⓛ에 밑줄을 치고 객관적 상관물이라고 써 주었다고 가정합니다. ⓛ을 보고 스스로에게 뭐라고 물어봐야 할까요? 이겁니다.

　　　　　　　"객관적 상관물이 뭐지?"

그러고는 객관적 상관물의 의미를 추론해 봐야겠지요.

주관적은 의견이 있다는 거니까 '객관적'은 의견이 없다는 말이 아닐까? '상관'은 상관있다는 얘기니까 관계가 있다는 것과 관련이 있을 것 같네. 그리고 '물'은 보통 사물을 얘기하던데. (한숨) 근데 연결이 안 되네. 써놓고도 무슨 말인지 모르겠다.

요정도 간략히 정리하면 됩니다. 정리해보면 이렇습니다.

'의견 없는 것과 관계가 있는 사물'

이게 정답일리 없겠죠? 그래도 '개념 노트'에 씁니다. 어차피 보는 사람 아무도 없으니까 마음껏 씁니다. 맞히는 것보다 생각해보는 것이 더 중요합니다. 어휘 공부할 때보다 더 열심히 생각하세요. 왜냐하면 어휘와는 달리 개념은 문제에 거듭 반복해서 나올 테니까 한 번 정리해두면 두고두고 써먹을 수 있기 때문입니다.

단계 2. 뭐-질문 해결) 인터넷 검색으로 '객관적 상관물'의 정확한 의미를 찾습니다.

> **객관적 상관물.** 글쓴이가 자신의 감정을 표현하기 위해서 감정을 직접적으로 서술하는 것이 아니라 어떤 사물의 특징이나 모양, 행동 등에 의미를 부여해서 자신의 감정을 간접적으로 담아내는 표현 방식.

이것과 자신의 생각했던 것과 비교합니다.

글쓴이의 감정을 직접적이 아니라 간접적으로 담아낸다고? 이런 특징 때문에 '객관적'이라고 부르는 것 같군. 여기서 '객관적'은 '의견이 없다'는 뜻이 아니라 간접적이라는 뜻이었네. 그럼 '상관물'은 글쓴이의 감정이 담긴 사물이라고 볼 수 있겠네. 내가 '상관'을 '관계있는'이라고 본 건 맞는 것인가? 사물에 글쓴이의 감정이 담겨있으니 글쓴이와 사물은 '관계있다'고 볼 수 있겠네. 그래서 '상관물'이라고 부르는구나.

이렇다고 할 수 있습니다. 이것을 나름대로 정리하면 이렇게 될 수 있겠죠.

객관적 상관물: 글쓴이의 감정을 관계시킨(간접적으로 담아낸) 사물.

이런 사고과 정을 거쳐 용어를 정리하는 것이 단순히 객관적 상관물에 대한 정보가 적힌 참고서를 보고 공부할 때보다 훨씬 더 기억에 남습니다. 왜냐하면 용어 자체를 이해하려고 노력했기 때문입니다.

단계 3. 왜-질문) 두 번째 질문은 이런 질문이어야 합니다.

"왜 ⓒ이 객관적 상관물이지?"

그러고는 답을 찾아야겠죠? 객관적 상관물의 의미를 제대로 알았으면 충분히 생각할 수 있으리라 생각합니다.

단계 4. 왜-질문 해결) 이 질문에 대한 답의 근거는 본문과 '뭐-질문'의 답이라고 했습니다. 그 둘을 연결시키는 사고 과정을 풀어보면 이 정도가 되겠죠.

글쓴이의 감정을 간접적으로 담아내기 위해서 쓰는 사물을 객관적 상관물이라고 했지. 화자의 감정은 이별을 했으니까 슬프겠지. 벌거벗은 나무는 추워서 울고 있군. 그럼 나무도 슬픈 거네. 화자의 감정이 나무랑 같군. 그러면 화자의 감정을 나무를 통해 드러냈다고 볼 수 있겠어. 아 그래서 ⓒ은 객관적 상관물이군.

마지막으로 개념 노트에 정리합니다.

[1]날짜	[2]연번	오늘의 개념	
16.01.10	1	직유법	
		[3]추측한 의미	직접 비유
		[4]나만의 의미	원관념을 그것과 유사성이 있는 보조관념을 통해 겉으로 드러나게 나타내는 것. '~처럼'으로 연결됨.
16.01.10	2	객관적 상관물	
		추측한 의미	의견 없는 것과 관계가 있는 사물
		나만의 의미	글쓴이의 감정을 관계시킨(간접적으로 담아낸) 사물

[1]날짜: 하루에 공부한 양을 확인하기 위해 꼭 필요합니다.
[2]연번: 개념 노트의 차례를 만들기 위해 필요합니다.

³추측한 의미: 나름의 근거를 들어 추론한 것이면 틀려도 가치가 있습니다. 다소 말이 안 되더라도 써두세요. 판단의 근거를 살짝 적어주는 것도 도움이 됩니다.
⁴나만의 의미: 사전을 통해 확인했던 내용을 자신만의 언어로 재구성한 내용을 써야 합니다. 사전 그대로 옮기지 않도록 유의하세요. 적어도 단어 하나라도 바꾸려고 노력해봅니다.

이런 방법을 소개하면 학생들의 첫 반응은 대부분 동일합니다. '시간이 많이 걸릴 것 같고 부담이 될 것 같다.' 어려울 것 같다고 얘기하지요. 나는 못하는 것이라고, 포기해야겠다고 생각하는 학생도 있었습니다. 하지만 이런 과정 없이 공부를 하다보면 기초가 흔들리고 그 기초를 잡기 위해 후에 더 많은 시간을 공부해야 할 수도 있습니다. 정작 문제 풀이 연습만 하기에도 바쁜 고3 여름방학 시기에 개념 공부를 하기 위해 시간을 할애해야 할지도 모릅니다.

이렇게까지 깊게 공부해야 하는가에 대해 의구심이 들 수도 있습니다. 단순히 개념은 아는 정도로만 공부해도 문제를 푸는 데는 어려움이 없다는 거이지요. 하지만 개념만 알게 되면 국어 성적이 오를 거라고 생각하는 것은 심각한 오해입니다. 이해력과 사고력이 올라야 성적이 오릅니다. 이런 사고 과정은 단지 개념 공부만을 위해 하는 것이 아닙니다. 개념 하나를 가지고 이렇게도 저렇게도 생각해보고 정답과 비교하고 대조해보는 과정에서 이해력과 사고력이 성장합니다. 그런데 국어라는 교과가 이해력과 사고력으로 성적이 좌우되는 과목이죠. 따라서 사고력 훈련을 해야 국어 실력이 향상되는 것입니다.

그러므로 다소 시간이 많이 걸리고, 번거롭고, 부담스럽더라도 꼼꼼하게 해야 합니다. 하루에 한두 개라도 꾸준하고 성실하게 하려고 노력하세요. 다년간 지도 경험을 바탕으로 볼 때 갑자기 월등한 성적 향상을 보이는 학생들은 하나같이 '뭐, 왜-질문법'으로 꾸준히 공부한 학생이었습니다.

3. 문제 풀이에서의 사용 방법

◉ 준비물: 문제지. (따로 노트를 만들지 않습니다. 문제지를 이용합니다. 어휘나 개념과 달리 문제 풀이는 노트를 만들어도 어차피 나중에 안 보게 됩니다. 굳이 만들지 않습니다.)

'뭐–질문법'과 '왜–질문법'이 빛을 발하는 순간은 사실 문제 풀이에서 사용할 때입니다. 어휘 공부나 개념 공부와 달리 문제 풀이는 성적과 직결되는 것이기 때문이지요. 꼼꼼히 읽고 실행해 보기 바랍니다. 그러면 문제 풀이에서는 어떻게 '뭐, 왜–질문법'을 사용하는지 알아보겠습니다.

2014학년도 수능 B형 문제입니다.

(가) 외로이 흘러간 한 송이 구름 / 이 밤을 어디메서 쉬리라던고. //
성긴 빗방울 / 파초 잎에 후두기는* 저녁 어스름 //
창 열고 푸른 산과 / 마주 앉아라. //
들어도 싫지 않은 물소리기에 / 날마다 바라도 그리운 산아 //
온 아침 나의 꿈을 스쳐간 구름 / 이 밤을 어디메서 쉬리라던고.

　　　　　　　　　　　　　　　　　　　　　　– 조지훈, 「파초우(芭蕉雨)」

(나) 막차는 좀처럼 오지 않았다. / 대합실 밖에는 밤새 송이눈이 쌓이고 /
흰 보라 수수꽃 눈시린 유리창마다 / 톱밥난로가 지펴지고 있었다 /
그믐처럼 몇은 졸고 / 몇은 감기에 쿨럭이고 / 그리웠던 순간들을 생각하며 나는 /
한 줌의 톱밥을 불빛 속에 던져 주었다 / 내면 깊숙이 할 말들은 가득해도 /
청색의 손바닥을 불빛 속에 적셔두고 / 모두들 아무 말도 하지 않았다 /
산다는 것이 때론 술에 취한 듯 / 한 두름의 굴비 한 광주리의 사과를 /
만지작거리며 귀향하는 기분으로 / 침묵해야 한다는 것을 /
모두들 알고 있었다 / 오래 앓은 기침소리와 / 쓴 약 같은 입술담배 연기 속에서 /
싸륵싸륵 눈꽃은 쌓이고 / 그래 지금은 모두들 / 눈꽃의 화음에 귀를 적신다 /
자정 넘으면 / 낯설음도 뼈아픔도 다 설원인데 / 단풍잎 같은 몇 잎의 차창을 달고 /
밤열차는 또 어디로 흘러가는지 / 그리웠던 순간들을 호명하며 나는 /
한 줌의 눈물을 불빛 속에 던져 주었다.

　　　　　　　　　　　　　　　　　　　　　–곽재구, 「사평역(沙平驛)에서」

*후두기는: 후두둑 떨어지는.

단계 1. 뭐-질문) 선택지 ①을 먼저 봅시다. '비유'라는 말이 보입니다. 질문해보죠.

"비유가 뭐지?"

단계 2. 뭐-질문 해결) 이 질문에 대한 답을 하는 과정에 대해서는 이미 개념 공부 부분에서 설명했으므로 생략하겠습니다. '뭐-질문'이 해결된 학생이나 본래 비유를 아는 학생은 자연스럽게 다음 과정으로 넘어갑니다. 다만 질문의 대상이 개념일 경우에는 개념 노트에 따로 정리해둡니다. 설명의 편의상 비유의 사전적 의미를 소개하고 시작합니다.

비유: 수사법에서 표현하고자 하는 대상을 다른 대상에 빗대어 표현하는 수사법으로 직유법, 은유법, 의인법, 의성법, 의태법, 풍유법, 제유법, 환유법, 중의법 따위가 있다.

단계 3. 왜-질문) 비유가 뭔지 알았다면 다음은 이렇게 질문해야합니다.

"(가)에서 왜 비유가 쓰였다고 하는 거지?"

단계 4. 왜-질문 해결) 이 질문에 답을 하기 위해서는 '뭐-질문'의 답과 본문을 참고해야 합니다. 사고 과정을 풀어봅니다.

> (가)의 1행에 '외로이 흘러간 한 송이 구름'이라는 말이 있어. 그런데 사실 외로운 건 화자 아닌가? 아, 그럼 화자의 외로움을 구름에 **빗대어** 표현한 것이군. 그럼 (가)에는 비유가 있다고 봐도 되겠군. 다음, (나)에는 '톱밥난로'가 있네. 무슨 뜻이지? 힘들게 사는 사람이 많이 나오는데, 화자는 이런 사람들에게 연민을 느끼는군. 그러면 서민들을 위로하고 싶은 따뜻한 마음을 따뜻한 '톱밥난로'에 **빗대어** 표현한 것이 아닐까? 그럼 (나)에도 비유가 있는 거군.

정도의 사고 과정을 할 수 있습니다. 정리하면 이렇게 되겠죠.

> (가)의 비유: 화자의 외로움 – 구름, (나)의 비유: 화자의 따뜻한 마음 – 톱밥난로

이런 식으로 생각하면 선택지 ①에서 출제자가 묻고자 하는 것은 크게 세 가지라는 것을 알 수 있습니다.

❶ (가)에서 '비유'가 사용되었는가?

❷ (나)에서 '비유'가 사용되었는가?

❸ (가)에서는 사물에 대한 새로운 인식을 '비유'를 통해 드러냈는가?

우리는 '뭐, 왜-질문법'을 해결하면서 출제자의 첫 번째와 두 번째 물음에 대한 답을 구했고 이를 통해 이미 ①은 정답이 아닌 것이 드러났습니다. (그러면 굳이 세 번째 물음에 답을 하지 않아도 될 것 같지만 '실전 훈련' 단계가 아니면 모두 다 봐야합니다. 자세한 내용은 뒤에 '심화 훈련'에서 다루겠습니다. 조금만 기다려주세요.) 다음에 따로 설명할 테니 구체적인 내용은 생략하지만 세 번째 물음에 대한 답도 역시 '뭐, 왜-질문법'을 통해 정리하면 사물에 대한 새로운 인식이 드러났다고 보기는 어렵습니다. 이런 과정을 ⑤까지 하고 만약 오답을 골랐다면 해설지를 참고하고, 그래도 의문이 풀리지 않으면 선생님께 질문합니다. 질문할 땐 사고 과정을 풀어내라고 했던 것을 기억하시죠?

문제 풀이에 '뭐, 왜−질문법'을 하는 습관을 기르게 되면 문제를 보는 눈이 달라집니다. 말 그대로 문제를 푸는데 급급했던 과거에 비해 문제에서 무엇을 묻는지 보는 안목을 가지게 되지요. 그것을 요즘 말로 '출제자의 입장으로 생각하는 방식'이라고 합니다.

또한 이런 방식으로 잘 훈련한다면 그 과정과 결과를 학생들이 가장 쓰기 어려워하는 자기소개서 1번 문항에 담을 수도 있을 겁니다. (이런 것을 1석2조라 하지요!)

자기소개서 1번 문항) 고등학교 재학 기간 중 학업에 기울인 노력과 학습 경험에 대해, 배우고 느낀 점을 중심으로 기술해주시기 바랍니다.

여러 가지로 쓸모가 많은 방법이니 열심히 훈련해서 잘 써먹을 수 있기 바랍니다

제 2편

내신과 수능

Part4

시험의 목적

내신 공부를 어떻게 해야 하는지, 수능 공부는 어떻게 해야 하는지에 대해서 궁금해 할 학생이 많을 겁니다. 하지만 일단은 내신 시험과 수능 시험의 차이점에 대해서 알아보는 것이 먼저일 듯합니다. 목적을 먼저 알아야 시험을 어떻게 준비해야할지 알게 될 테니까요.

내신 시험의 목적

내신 시험의 궁극적인 목적은 '성취도' 즉 이 학생이 가르친 만큼 알고 있는가를 파악하는 것입니다. 우리나라는 각 과목별로 학년별 교육과정을 설정해둡니다. '고1이면 국어에서는 이 정도는 배워야한다.'라는 것을 지정해 놓은 것이죠. 그리고 그 교육과정을 바탕으로 학교의 교육과정을 만들어갑니다. '우리 학교 국어 수업에서는 국가의 학년별 교육과정에서 요만큼을 반영해서 가르쳐야겠어.'라고 계획한 후 가르치기 시작합니다.

그런데 교육과정을 이행하는 선생님 입장에서는 가르친 내용을 학생들이 잘 이해하고 있는지 궁금합니다. 그 궁금증을 해결하기 위해서 만든 것이 내신 시험이지요. 그러니까 수업 시간에 가르친 것을 출제하는 것이 당연한 일이고 그런 이유에서 내신 시험의 출제자는 직접 수업한 선생님이 되는 것입니다. 일반적으로 생각하듯 내신 시험의 목적이 소위 '성적으로 줄 세우기'였다면 출제자는 아마 오히려 수업에 들어오지 않은 선생님이나 수업과 관련이 없는 출제 전문가가 객관적으로 출제한 문제로 시험을 치르는 것이 합리적이겠지요. 이런 배경 때문에 내신 시험을 준비하기 위해서는 무엇보다도 '수업을 잘 듣는 것'이 중요하다는 아주 일반적인 결론에 이르게 됩니다.

수능 시험의 목적

수능 시험의 궁극적인 목적은 '대학에서의 수학(修學) 능력'을 파악하는 것입니다. 다시 말하면 대학에 입학 한 후에 이 학생이 대학 공부를 할 수 있는 기본 능력이 있는지를 측정하는 것이지요. 그렇다고 대학에서 공부할 내용을 미리 묻지는 않습니다. 앞에서 우리나라는 학년별 교육과정을 설정해둔다고 했지요. 그 교육과정 안에 있는 내용을 담아 문제를 출제하는 것이 수능 출제의 기본 원칙입니다.

따라서 수능에서 국어 시험은 '성취도', 즉 가르친 것을 얼마나 이해하고 있는지 확인하는 것이 아닙니다. 말 그대로 '능력'을 '측정'하는 것이지요. 따라서 전혀 배우지 않은 지문으로 출제해도 전혀 문제가 되지 않습니다. 그 지문은 학생의 독해력, 사고력, 언어이해력 등을 측정하기 위한 수단에 지나지 않으니까요. 오히려 배운 것이 나오게 되면 의도치 않게 암기력을 측정하게 될 수도 있지요. 따라서 수능은 수업을 하는 선생님이 직접 출제하는 것이 아닌 수업과 관련이 없는 출제 전문가가 출제를 해서 공통으로 시험을 치르게 됩니다. 이런 배경 때문에 수능 시험을 준비하기 위해서는 독해력, 사고력, 언어이해력을 기르는 '자기 주도적 학습'이 중요하다는 결론에 이르게 됩니다.

내신 시험과 수능 시험의 목적을 알아봤습니다. 각각의 시험을 어떻게 준비해야 하는지 어렴풋하게는 이해되나요? 그럼 이제부터는 각 시험을 준비하는 구체적인 방법을 알려드리겠습니다.

Part5

내신 시험의 훈련법

내신 시험의 유형

내신 시험은 담당 선생님의 스타일에 따라 엄청나게 다양하므로 특정한 유형으로 분류하는 것이 무의미할 수도 있습니다. 그래서 지나치게 욕심을 부리지 않고 크게 3가지로만 분류하기로 합니다. (그런데 이 유형 이름을 다른 곳에 가서 얘기하면 안 됩니다. 비밀이라서 얘기하지 말라는 것은 아니고, 제가 붙인 이름이니까 얘기해 봐야 알아듣지 못합니다.)

> **내신 시험의 유형**
> ❶ 학력고사형
> ❷ 유사 수능형
> ❸ 수능형

유형❶ 학력고사형(암기 위주)

수능이라는 시험 전형이 등장하기 전, 그러니까 1993학년도 대입 시험까지는 학력고사라는 시험을 쳤습니다. 두 시험 모두 대학에서의 수학 능력을 측정한다는 목적을 가진 시험이긴 합니다만 학력고사의 문항은 수능과 많이 다릅니다. 이해력을 측정한다는 본래 취지와는 달리 단순 암기력을 측정하는 문제가 대부분이었으며 실제로 책을 달달 외우면 서울대 가는 시험이었습니다. 뭐, 예를 들면 이런 문제였죠. (선택지의 형식만 보세요.) 고시조 한 편을 지문으로 제시하고 이런 문제가 나왔다고 칩시다.

> **문제) 윗글의 특징으로 적절하지 <u>않은</u> 것은?**
> ① 3.4조의 정형률을 가지고 있는 시조이다.
> ② 이 작품의 주제는 유배생활의 괴로움이다.
> ③ 4음보의 정형시이다.
> ④ 연장체와 후렴구를 사용하고 있다.

선택지의 형식이 현재 수능과 많이 다릅니다. 비교적 단순하고 굳이 작품을 분석하지 않더라도 암기를 통해 쉽게 맞힐 수 있는 형식이지요. (학력고사는 4지선다였어요.)

극단적으로는 이런 문제도 나올 수 있었습니다.

> **문제) 빈칸에 들어갈 말은?**
>
> 살어리 살어리랏다 청산에 살어리랏다
> 멀위랑 ᄃ래랑 먹고 청산에 살어리랏다
> (   )

전형적인 암기 문제로 이 유형은 사고력과 독해력을 요구하는 수능의 흐름과는 역행하는 출제 방식이라고 볼 수 있습니다.

그런데 말입니다. (김상중 씨 말투로 읽어주세요.) 시대의 흐름과는 별개로 이런 시험 유형이 내신 시험의 목적에는 부합하는 유형이라는 것은 사실입니다. 내신 시험이라는 것은 가르친 것을 얼마나 알고 있느냐를 측정하는 시험(성취도평가)인데, 앞의 예에서 봤듯이 학력고사형 문제는 가르친 것을 직접적으로 물을 수 있거든요. 그래서 많은 학교 선생님들은 학력고사형 문제를 출제하고 있습니다.

이런 유형은 일단 교과서와 필기 내용을 모두 암기해야 합니다. 모두 암기해야 한다고 지레 겁을 먹을 필요는 없습니다. 백지에 본문까지 모두 쓸 수 있을 정도로 암기하라는 얘기는 아니니까요. 자세한 내용은 '내신 시험 훈련법'에서 펼치도록 하겠습니다.

유형❷ 유사 수능형(암기 위주+독해력 약간)

유사 수능형이란 겉으로는 수능형처럼 만들어진 문제지만 알고 보면 보충 교재의 문제를 약간 변형한 것에 지나지 않는 문제를 의미합니다.

사실 이런 문제가 객관식으로 출제된다면 별 문제가 되지 않습니다. 보충교재를 세 번 정도만 훑어봐도 충분하기 때문입니다. 게다가 수능형 공부까지 병행하고 있다면 세 번 정도 훑어볼 필요도 없습니다. 한 번만 봐도 충분합니다. 대신 시험을 칠 때 단어 하나까지 꼼꼼하게 봐야합니다. 유사 수능형 문제의 경우 무심코 지나칠 수 있는 단어 하나 때문에 틀린 선지가 되도록 구성하기 때문입니다,

그런데 이 유형이 주관식이나 서술형으로 출제된다면 얘기가 다릅니다. 보충 교재 문제의 선택지를 그대로 서술형으로 쓰게 할 수도 있거든요. 이런 경우에는 선택지까지 꼼꼼하게, 외우다시피 보는 것이 필요합니다. 단어 하나, 조사 하나까지 철저하게 보고 〈보기〉의 내용까지도 암기하겠다는 각오로 읽어봅니다. 그런데 시험 범위가 너무 많을 경우에는 암기하겠다는 각오로 보다가 범위를 모두 보지 못하고 시험을 치르는 불상사가 일어날 수도 있기 때문에 꼼꼼하게 3번 정도 정독한다는 각오로 봐야합니다. 시험 범위가 한 번 읽어보기에도 벅찰 정도로 많다면 선생님도 단순히 암기해서 풀 수 있는 문제를 출제하지는 않을 테니까요. 물론 변별력을 위해서 어쩔 수 없이 무리한 암기를 요구하는 문제를 출제할 수 있는데요. 이 경우는 예외적이며 전반적으로 학업 수준이 높은 학교에서 일어나는 일입니다.

유형❸ 수능형(암기 약간+독해력 위주)

수능형이란 실제 수능처럼 출제하는 것을 의미합니다. 아마 여러분의 학교에 교과서 본문과 보충 교재의 본문을 한 지문으로 묶어서 완전히 새로운

문제를 출제하는 선생님이 있을 겁니다. 수능 문제에 대한 이해도가 높은 선생님들이 보통 이렇게 문제를 출제하지요. 따라서 수능형 객관식은 수능형 공부로 충분히 준비가 가능합니다. 학력고사형과의 차이점을 알아볼까요. 앞에서 제시한 학력고사형 문제의 선택지 ③으로 대조해보겠습니다.

> 학력고사형: ③ 4음보의 정형시이다.
> 수능형: ③ 일정한 음보의 반복으로 운율을 형성하고 있다.

학력평가형은 '시조는 4음보, 정형시'라는 것을 암기해야만 했다면 수능형은 '음보의 개념'을 알면 지문 분석을 통해 정답을 확인할 수 있습니다. 그러니까 **수능형은 암기력보다는 작품 분석력을 요구한다는 것이지요.**

이제 주관식 문제에 대해 얘기해보죠. 수능은 주관식이 없기 때문에 수능형 서술형 문제는 존재하지 않습니다만 수능 문제를 풀기 위한 사고 과정을 풀어 쓰는 형태로 출제한다면 암기력이 아닌 개념 적용 능력이나 독해력을 측정하는 문제로 만들 수는 있습니다. 다만 선생님들은 변별력을 위해 혹은 채점의 객관성을 확보하기 위해 어쩔 수 없이 유사 수능형처럼 암기가 필요한 문제를 출제할 수도 있지요.

따라서 **수능형이라고 해도 엄연히 내신 문제이므로 내신 시험을 준비하는 마음가짐으로 준비해야 합니다.** 선생님의 설명과 필기 암기는 내신 시험공부의 기본자세입니다.

이상으로 내신 시험의 3가지 유형을 정리했습니다. 자, 뭐가 달라졌나요? 아마 '우리 학교 문제는 어떤 유형일까?'에 대한 생각이 들 겁니다. 그런데 그것 이외에 뭔가 달라진 것이 있나요? 아마 크게 없을 겁니다. 네, 여러분의 생각이 맞습니다. 여러분의 학교 내신 시험이 어떤 유형이든 원칙은 동일합니다. '암기+독해력'입니다. 내신 시험 유형에 대해 길게 써놨지만 사실 이야기하고자 하는 바는 한 가지였습니다.

<blockquote>"수업 내용을 암기하고 독해력을 키운다."</blockquote>

그러니까 여러분은 여러분의 학교 문제가 어떤 유형인지를 확인하고 거기에 맞춤형으로 공부할 필요는 없습니다. 대신 이제부터 제시하는 내신 시험 훈련법에 맞추어 1분이라도 더 공부하는 것이 더 중요합니다.

내신 시험, 훈련의 원칙

❶ 수업 시간에 최선을 다한다.
❷ 선생님이 수업한 내용은 모두 암기한다.

내신 시험, 훈련의 원칙❶

수업 시간에 최선을 다한다.

수업 시간에 최선을 다한다는 원칙은 원칙이라 하기에는 너무나 일반적인 이야기입니다. 하지만 일반적이라는 것은 오히려 반론의 여지가 적다는 이야기이기도 하지요. 물론 이 원칙에 대한 여러분들의 반감은 충분히 이해합니다. 뭐 이런 게 아닐까요?

'수업 시간이 중요한 건 알겠어요. 그런데 어떻게 최선을 다하라는 얘기죠?'

자자, 흥분을 가라앉히고 지금부터 천천히 이야기하겠습니다. 일단 영역별로 수업 시간에 최선을 다하는 방법을 예습, 수업 시간, 복습 순으로 이야기할 겁니다. 잘 따라오세요.

여기서 잠깐! 　　**내신 훈련법에서 화법과 작문을 다루지 않은 이유**

분류는 문학, 비문학(독서), 문법 순으로 진행합니다. 화법과 작문이 없는 이유는 두 가지입니다. 첫째로 화법과 작문은 교과서로 진행되는 경우가 거의 없습니다. 대부분의 학교에서 3학년 때 화법과 작문을 선택하고 그 시간에 EBS 연계 교재로 수업을 진행합니다. 둘째, 너무 쉽습니다. 따라서 문학, 비문학, 문법과 달리 한두 번 읽어 가는 것만으로도 충분히 예습이 가능하고 수업 시간에 했던 필기를 암기하는 정도로 시험 준비가 가능하므로 효율적인 공부 방법이 필요하지는 않습니다. 그래서 화법과 작문 영역은 다루지 않기로 합니다.

문학 (고전포함)

내신 훈련

선생님에 따라 다르겠지만 국어 수업에서 시는 대개 적게는 2시수, 많게는 3시수로 진행됩니다. 한 시간 정도는 아마 시 내용을 파악하고 두 번째 시간은 학습 활동을 정리하는 시간을 가지겠지요. 나머지 한 시간 정도는 선생님의 재량으로 개별 활동이나 모둠 활동 등을 하게 될 겁니다. 따라서 **예습은 진도에 따라 본문 내용을 설명하는 시간 전에 한 번 정도만 합니다.** 매 수업 시간 전마다 하는 것은 아닙니다. 부담이 좀 줄었죠?

소설은 적게는 4시수, 많게는 6시수로 진행됩니다. 2~3시간 정도는 소설 본문을 설명할 테고 1시간은 학습 활동을 정리하는 시간입니다. 나머지 1~2시간은 활동 수업으로 진행될 것입니다. 역시 예습은 본문 내용을 설명하는 시간 전에 한 번만 합니다.

예습(총 시간 15~30분)

*준비 단계) 일단 참고서가 필요합니다. 요즘은 출판사에서 교과서가 나오기 때문에 선생님이 보는 교사용 지도서와 내용이 동일한 참고서가 출판됩니다. 그것을 사면됩니다. (만약 가격이 부담된다면 음료수 하나 사서 국어 선생님에게 찾아가서 애교 섞인 웃음으로 살짝 부탁드려보세요. 가지고 있는 선생님이 계실 겁니다.)

*실시 단계1) 수업 시간 하루 전에 깨끗한 교과서를 폅니다. 그리고 다음

순서에 맞게 봅니다. 시간은 시는 5~10분 정도, 소설과 극은 15~20분 정도가 적당합니다.

> 1. 학습목표를 본다.
> 2. 본문 내용을 읽어 본다.
> 3. 1과 2를 두 번 반복한다.

*실시 단계2) 자, 이제 새로 산(교태를 부려 선생님께 받은, 길가다 주운) 참고서를 폅니다. 그리고 본문 내용을 읽어 봅니다. 아마 아까 교과서만 볼 때 이해하지 못한 부분이 이해가 될 겁니다. 왜냐하면 밑줄 밑에 설명(이걸 '행간주'라고 함)이 적혀있기 때문입니다. 이것도 두 번 반복해서 읽어봅니다. 시간은 시는 5~10분 정도, 소설과 극은 10~15분 정도가 적당합니다.

*실시 단계3) 참고서 오른쪽에(왼손잡이는 왼편에) 깨끗한 교과서를 폅니다. 그리고 연필을 듭니다. 꼭 연필(혹은 샤프)여야 합니다. 나중에 지워야할 지도 모르거든요. 그 다음 마음에 드는(혹은 중요하다는 생각이 드는) '행간주'를 교과서에 씁니다. 잘못 쓰면 지우면 되니까 과감하게 씁니다. 시간은 '실시 단계2'와 같습니다.

대신, 꼭 써야할 내용이 있는데 그건 학습 목표와 관련된 부분입니다. 예를 들어 '시적 표현의 아름다움을 안다.'가 학습 목표라면 표현 방법에 대한 행간주는 아무리 바빠도 꼭 써야 합니다.

수업

*준비 단계) 필기구를 미리 준비합니다. 필기구가 준비되어 있지 않으면 선생님의 말씀을 놓치게 됩니다. 단 한마디로 놓치지 않겠다는 각오로 필기를 준비합니다. 물론 이건 불가능한 미션이지만 그 정도 마음가짐을 가지고 시작해야 집중력 있게 수업을 들을 수 있습니다.

*실시 단계1) 선생님의 설명을 듣습니다. 아마 선생님이 읽든 여러분이 낭

독하든 시를 먼저 읽을 겁니다. 그러면 여러분은 수업 시작 10분 안에 시를 5번이나 읽은 것이 됩니다. 예습으로 4번 읽었거든요. 소설과 극은 미리 읽어오라는 선생님, 수업 시간에 읽을 시간을 주는 선생님, 그냥 바로 수업하는 선생님 등 수업 방식은 다양합니다. 만약 수업 시간에 본문을 읽지 않더라도 예습으로 이미 4번은 읽을 상태이니 걱정하지 않아도 됩니다. 선생님이 필기하라는 부분은 필기합니다. 선생님의 필기는 연필이 아닌 볼펜으로 합니다.

여기에서 예습의 효과가 약간 나오기 시작합니다. 예습을 하지 않을 때와 달리 선생님의 설명이 쉽게 이해될 겁니다. 게다가 교과서에 연필로 미리 써뒀던 것과 같은 내용을 선생님이 필기하라고 하는 부분이 있을 겁니다. 저의 경우는 학생들에게 참고서와 똑같이 설명하지 않으려 노력하기 때문에 필기 내용도 다릅니다(교사용 지도서랑 설명이 같으면 안 된다는 약간 강박증 비슷한 게 있습니다.)만 사실 표현이 좀 다를 뿐 내용상의 큰 차이는 없습니다. 진짜 중요하거나 딱히 바꿀 필요가 없을 때는 똑같이 설명하기도 합니다. 아무튼 선생님이 필기하라고 한 것과 자신이 **예습** 때 써놓은 행간주가 일치한다는 것은 곧 자신이 **중요한 부분**을 보는 안목이 선생님의 안목과 같아졌다는 것을 의미합니다. 아마 시간이 지나면 점점 더 이런 경험이 잦아질 겁니다. 이것이 **예습**의 **첫 번째 효과**입니다. 그리고 선생님이 필기하라고 하는 부분이 자신이 미리 써온 내용과 일치할 때의 **짜릿함**을 느끼는 것. 그것이 **예습**의 두 번째 효과입니다.

여기서 **잠깐!**　　**참고서를 펴놓고 수업을 듣지 마세요.**

수업 시간에 참고서를 펴 두는 학생이 있습니다. 그건 두 가지 측면에서 도움이 되지 않습니다. 첫째로 선생님이 싫어합니다. 저는 이런 이유로 꾸중을 하지는 않습니다만 불쾌해 하는 선생님도 계시지요. 의도야 어떻든 선생님과 불편한 관계를 만드는 일은 하지 않는 것이 여러분을 위해서 좋습니다. 둘째로 수업을 듣는데 별 도움이 안 됩니다. 미리 다 적혀있다는 생각에 본인도 모르게 수업을 듣는 태도가 나태해집니다. 게다가 예습을 하지 않았으니 짜릿함을 느낄 기회가 없습니다. 저는 두 번째 이유 때문에 참고서를 펴두고 수업을 듣는 학생에게 주의를 줍니다.

*실시 단계2) 행간주와 별개로 선생님이 따로 설명하는 부분을 받아 적습니다. 수업 시간에 선생님의 설명은 크게 두 가지입니다.

하나는 **본문 내용과 관련된 내용을 수능과 연계하면서 설명하는 부분입**니다. 특히 개념에 대한 설명이 많죠. 아마 이 부분을 설명할 경우는 따로 필기를 하라고 하고 설명을 할 겁니다. 이건 예를 들어주는 것까지 모두 적어둡니다.

다른 하나는 본문의 내용과 관련된 내용입니다. 이 설명은 주로 '**왜 이 행**간주가 나오게 되었는가?'를 설명한 내용일 겁니다. 예컨대 A를 역설법이라고 필기한 후 A가 왜 역설법인지 설명하시는 내용 같은 것 말이죠. 참고서는 이런 이유에 대한 설명이 없는 경우가 많으므로 모르는 부분은 꼼꼼하게 적어둡니다.

이 두 가지는 복습 때 중점적으로 공부해야 할 부분입니다.

복습 (총 시간: 10~20분)

```
1. 수업 종료령이 울리면 바로 내용 훑어보기
2. 필기한 내용을 읽어보기
3. 연필 필기 지우기
4. 국어 노트에 본문 내용 써보기(시만)
```

*실시 단계1) 제일 중요하면서도 잘 안 되는 방법입니다만 쉬는 시간 종이 치면 바로 일어나지 말고 본문을 다시 한 번 훑어봅니다. 그리고 행간주도 함께 읽어봅니다. 선생님이 중요하고 시간을 많이 할애해서 설명한 부분도 함께 읽어보고 선생님의 설명 중에 빠진 부분이나 기억나는 부분을 써보기도 합니다. 심지어 선생님의 농담을 써도 상관없습니다. 그걸 보면 그 부분의 내

용이 오히려 기억이 날 때도 있으니까요. 시간은 약 2~5분을 할애합니다.

수업이 끝난 직후 복습을 하는 이유

에빙하우스의 망각 곡선에 따르면 사람은 들으면 그 순간 잊어버리는 것이 당연하답니다. 수업이 끝난 바로 직후가 그 망각을 줄이는 최고의 시간이기 때문에 짧은 시간이라도 수업내용을 회상하는 것이 필요합니다. 그리고 어떤 지식을 습득하기 위해서는 주기적인 간격으로 4회 이상의 복습이 필요하다고 하지요. 복습은 짧게 자주하는 것이 더 효과적입니다.

*실시 단계2) 자율 학습 시간에 수업 시간의 분위기와 선생님의 영상을 머릿속으로 떠올리면서 필기한 내용을 다시 한 번 읽어봅니다. 이때 행간주를 외우는 것이 아니라 그런 행간주가 필기된 이유를 '왜-질문법'을 통해 집중적으로 살펴봅니다. 아마 선생님이 설명한 부분일 텐데 그것을 완전히 이해할 때까지 계속 읽어보고 이해가 안 되면 친구에게나 선생님을 찾아가서 질문을 해서라도 꼭 이해하고 갑니다. 그래야 시험 기간에 암기하기가 수월해집니다.

*실시 단계3) 예습할 때 써놓은 연필 필기는 지웁니다. 대신 확인해야 할 것이 있습니다. 선생님이 그것을 설명하지 않는 것은 분명히 이유가 있을 겁니다. 그 이유를 생각해봅니다. 그 내용이 너무 쉽거나 중요하지 않거나 학습목표에 적합하지 않을 수도 있지요. 때로는 선생님이 실수로 빼먹은 것일 수도 있습니다. 맞든 안 맞든 상관없습니다. 그 이유를 생각해보는 것이 중요합니다. 그래야 나중에 중요한 내용과 중요하지 않은 내용을 보는 안목이 생기게 됩니다.

*실시 단계4) 시의 경우에만 해당합니다. 미리 '국어 전용 노트'를 준비하고 시 본문을 적어둡니다. 행마다 한 칸씩 띄워 아래에 쓸 수 있는 공간을 마

련해 둡니다. 미리 타자를 쳐서 프린트해둬도 됩니다. 이건 시험 기간 공부할 때 쓰기 위한 준비이므로 딱 이것만 합니다.

✳

이런 식으로 예습, 수업, 복습을 하게 되면 하루에 시는 6번 이상(예습 4번, 수업 1번, 복습 1번), 소설과 극은 5번 이상(예습 4번, 복습 1번) 읽는 효과를 얻을 수 있습니다. 여기서 가장 중요한 것은 연필 필기와 선생님의 필기의 일치 여부와 그 이유를 생각해보는 겁니다. 별 것 아닌 듯 보이는 이 활동이 왜 중요할까요? 그건 내신 시험의 목적에 비추어 설명할 수 있습니다. 내신 시험의 출제자는 수업하는 선생님이라고 했습니다. 그런데 연필 필기와 선생님의 필기가 거의 일치하는 경지에 오르게 된다면? 그건 곧 선생님이 중요하다고 생각하는 것과 학생 자신이 중요하다고 생각하는 것이 일치한다는 사실입니다. 그리고 중요한 건 시험에 나오죠. 그러니까 이 경지에 오르게 되면 흔히 시험 문제가 보이기 시작한다고 말합니다.

내신 훈련

비문학 (독서)

비문학 제재는 지문의 길이에 따라 2시수~4시수로 이루어집니다. 본문 내용 설명, 학습 활동 설명, 선생님의 재량에 따른 개별 및 모둠 활동으로 구성되는 것은 문학과 동일합니다. 문학과 동일하게 예습은 본문 내용 설명 전에 한 번만 합니다.

예습(총 시간 15~20분)

*준비 단계) 교과서와 같은 출판사의 참고서를 준비합니다.

*실시 단계1) 교과서를 폅니다. 그리고 다음 순서에 맞게 글을 읽어 봅니다.

1. 문단마다 번호를 달고 본문 내용을 훑어본다.
2. 많이 나오는 단어에 네모를 친다.
3. 모르는 단어는 단어의 뜻을 찾아 쓴다.
4. 네모 친 단어를 중심으로 본문 내용을 꼼꼼하게 읽어본다.

먼저 문단 첫머리에 번호를 답니다. 그리고 문단마다 끊어가며 본문 내용을 훑어봅니다. 약 5분 정도면 전체 본문을 충분히 훑어볼 수 있을 겁니다.

다음, 문단마다 많이 나오는 단어에 연필로 네모를 칩니다. 2번 이상 같은 단어가 반복되면 중요한 단어입니다. 과감하게 네모를 칩시다. 그리고 모르는 단어는 밑줄을 긋고 '뭐-질문법'을 통해 문맥적 의미를 추론해 봅니다. 모르는 단어가 너무 많다면(한 문단에 2개 이상이면 많은 겁니다. 그리고 만약 본인이 이 정도라면 어휘 공부를 정말 열심히 해야 하는 수준이라 생각하면 됩니다.) 국어사전을 검색해서 글의 맥락 상 가장 잘 어울리는 단어의 뜻을 하나만 골라 찾아씁니다.

마지막으로 네모 친 단어를 중심으로 본문 내용을 꼼꼼하게 읽어봅니다. 중요한 문장이라 생각되면 밑줄을 긋고 이해하지 못한 부분은 꺾쇠(「」)로 표시합니다. 연필로 그을 테니까 과감하게 긋고 씁니다. 그리고 꺾쇠부분을 이해하기 위해 노력합니다. 고민하세요. 완전히 이해되면 좋겠지만 그렇지 않더라도 고민하는 과정 자체가 중요한 겁니다.

*실시 단계2) 참고서를 폅니다. 참고서를 통해서 두 가지의 작업을 할 겁니다. '중심 화제'라고 적힌 행간주를 찾아봅니다. 아마 있을 겁니다. 참고서의 중심 화제와 자신이 친 네모가 일치하는지 확인합니다. 아마 일치할 겁니다. 그리고 다른 행간주는 굳이 보지 않아도 됩니다. 하지만 이해하지 못한 부분(꺾쇠로 표시한 부분)의 행간주는 꼭 읽고 내용을 이해합니다. 그것을 읽어도 이해하지 못했다면 그건 놔둡니다. 이 정도로 했는데 이해 못했다면 이것은 혼자 힘으로는 이해가 불가능한 것입니다. 이건 수업 시간에 해결해야 할 숙

제로 남겨둡니다.

그리고 참고서 내용 중 문단 끝에 있는 중심 내용을 연필로 직접 씁니다. 또박또박 쓰세요. 자신의 생각을 쓰는 것은 날려 써도 되지만 다른 글을 옮겨 쓸 때는 정성을 다해 씁니다. 다른 사람의 글을 존중한다는 윤리적인 이유 때문이 아닙니다. 다른 사람의 글은 본인의 글과 달라서 완전히 이해하지 못합니다. 따라서 정성을 다해 쓰면서 정성스럽게 보라는 이야기입니다. 다 쓰고 나면 중심 내용만 연결해서 한 번 쭉 읽어봅니다. 별 것 아니지만 글의 전체를 보는 눈을 길러주는 훈련입니다.

수업

*준비 단계) 필기구를 준비합니다. 허리를 곧게 펴고 선생님 말씀은 단 한마디도 놓치지 않겠다는 자세로. 파이팅!

*실시 단계1) 선생님의 설명을 듣습니다. 본문 내용에 필요하다고 생각한 부분에 행간주를 달아주실 겁니다. ('밑줄 긋고 써라'라고 하겠지요?) 필기합니다. 뭘로? 볼펜으로요.

여기서 포인트는 꺾쇠 표시한 부분입니다. 혼자 읽을 때 이해하지 못한 부분이거든요. 예습 때 이 부분을 미리 고민해보라고 했습니다. 참고서도 참고하라고 했습니다. 이 정도면 충분히 고민한 상태이기 때문에 이해를 한 상태이거나 수업에 조금만 집중하면 충분히 이해할 수 있는 상태일 겁니다. 수업의 어느 부분에 집중해야 하는가에 대한 답을 제시하기 위해 말이 길어졌네요. 50분의 수업 시간 중 학생이 가장 집중해야 할 시간은 본인이 모르는 것을 설명할 때입니다. 그러나 대부분의 학생은 본인이 모르는 부분을 알지 못한 상태로 수업을 듣지요. 그래서 어디를 집중해야 하는지도 모르는 겁니다. 이제 미리 꺾쇠를 하고 고민하는 귀찮은 일을 하는 이유를 알겠죠? 예습을 하면 수동적인 수업 태도에서 벗어나서 수업을 자신의 방향으로 이끌 수 있습니다. 이것을 '자기 주도 학습'이라고 합니다. 따라서 예습을 한 여러분은 정말 중요한 일을 한 겁니다.

***실시 단계2)** 선생님이 설명한 부분은 모두 받아 적습니다. 문학과 달리 비문학에는 중요한 개념의 양이 현저하게 적습니다. 비문학(독서)에서 수능과 연계되는 부분은 서술 방식(정의, 분류, 과정 등) 딱 하나거든요. 따라서 비문학 수업에서 선생님이 설명하는 수능과 연계되는 부분 즉 서술 방식에 대한 내용은 꼭 알아야하는 부분입니다. 중요 체크!

복습(총 시간: 5~20분)

> 1. 수업 종료령이 울리면 바로 내용 훑어보기
> 2. 필기한 내용을 읽어보기

***실시 단계1)** 문학과 동일합니다. 수업 종료령이 울리면 바로 본문 내용을 훑어봅니다. 이때 주의할 점은 행간주를 보면서 모르는 용어나 단어는 따로 표시해둡니다. 그리고 찾아서 꼭 추가 필기를 합니다. 꺾쇠 부분은 다시 한 번 읽어보고 이해했던 부분을 다시 떠올려봅니다. 방금 수업했으니까 충분히 이해가 될 겁니다. 그런데 만약 이때 떠올리기를 하지 않으면 일주일 지나 놀랍게도 또 이해가 안 되는 현상이 벌어집니다. (에빙하우스의 망각곡선 기억하시죠?)

***실시 단계2)** 선생님께서 따로 필기해주신 내용을 훑어봅니다. 이건 바로 시험에 나온다고 생각하고 다시 한 번 읽어봅니다. '왜 이걸 필기해주셨을까.'를 생각하면서 읽어보는 것이 포인트입니다. 그냥 읽어보는 것보다 필기해주신 이유를 생각해보는 것이 사고력을 키우는데 더 도움이 됩니다.

※

이런 식으로 예습, 수업, 복습을 하게 되면 본문을 하루에 4~5번 읽는 효과를 거둘 수 있습니다. 문학은 개념이 많고 비유까지 있어서 복습에 시간이 많이 걸리는 편이지만 비문학은 개념이 별로 없고 이해만 된다면 읽기에서 끝나기 때문에 문학보다 시간이 덜 걸릴 겁니다.

문법

공부법과 관련된 서적이나 강의에서 가장 강조되는 것 중 하나가 '개념'입니다. 그래서 교과별로 '개념'과 관련된 참고서들이 연이어 출판되고 있습니다. 이를 통해 봤을 때 '개념'은 공부를 하는데 중요한 역할을 차지하는 것은 분명합니다.

그런데 과목마다 개념이 차지하는 양은 차이가 있습니다. 개념이 가장 많은 과목은 당연히 암기 과목이라 불리는 탐구 과목이지요. 그럼 개념이 가장 적은 과목은? 명실공이 국어입니다. 국어는 정말 개념이 없는 과목이에요. (좀 이상하게 들리는군요.) 그런데 그 개념이 없는 과목 중에 그나마 개념이 있다고 할 만한 영역이 바로 문법입니다. 이런 희귀성 때문에(물론 이게 다는 아니지만) 문법 개념은 중요합니다.

그런데 혼자 문법 개념을 배우려면 힘듭니다. 일단 거부감이 들어서 보기 싫어요. '문법 몰라도 국어 잘 써왔는데 이런 어려운 문법을 뭐하려고 공부해야 하나.'라는 거부감이 문법을 멀리하게 만듭니다. 그리고 막상 공부하려고 해도 막연한 정보의 나열처럼 보여 어디서부터 손을 대야 할지 모르는 것도 문법 개념 공부가 어려운 이유 중 하나입니다. 마지막으로 어디까지 공부해야 할지 모르는 것도 있어요. 이건 높은 사고력 수준을 가진 학생들이 많이 겪는 어려움인데 파고들다보면 '이건 어떻게 되지? 이건 뭐지?'하는 '뭐, 왜-질문법'을 지속적으로 적용해서 진도가 안 나갑니다. 이런 저런 이유로 문법은 혼자 공부하기 어려운 영역임은 분명합니다.

서두가 길었네요. 사실 이렇게 길게 쓴 이유는 학교에서 문법 수업을 하면 정말 열심히 들으라는 얘기를 하기 위해섭니다. 고등학교 교육 과정 상 문법은 단 한 번밖에 할 수 없습니다. 그러니 다시는 들을 수 없다(만약 또 들으려면 엄청난 시간과 노력과 돈을 써야한다)는 절박함을 가지고 수업에 임해주세요.

예습(총 시간: 5분~15분)

문학이나 비문학과는 다르게 문법은 매 시간 예습을 합니다. 그래야 꼼꼼하게 볼 수 있거든요. 실제로 한 시간 수업에 진행되는 진도는 그리 많지 않은 편입니다. 따라서 양은 크게 부담되지는 않습니다. 다만 매일 해야 한다는 것은 약간 부담일 순 있겠네요. (화이팅!)

그리고 미리 말합니다만 문법 예습은 '나만의 차례 만들기'라고 생각하면 됩니다. 자세한 것은 이제부터 제시합니다.

*준비 단계) 참고서를 준비합니다. 자세한 내용은 문학, 비문학 편에서 참고하세요.

*실시 단계1) 교과서를 폅니다. 그리고 차례를 봅니다. 이제 연습장을 펴서차례를 그대로 씁니다. 그리고 차례에 해당하는 본문의 제목을 이어서 적습니다. 이렇게 나만의 차례를 만들어갑니다. 차례를 만들면 상위 개념과 하위개념을 확인하기가 수월해집니다. 그리고 전체적으로 볼 수 있는 눈을 가질수 있게 되지요. 여기까지가 첫 번째 단계입니다. 이 작업은 중단원 시작할때 해둡니다.

여기서 잠깐! 　　**상위 개념과 하위 개념**

상위 개념과 하위 개념을 정리하고 가죠. 쉽게 설명하면 하위 개념을 묶어서 일컫는 말이 상위 개념이고 상위 개념을 일정한 기준에 따라 분류한 것이 하위 개념입니다.

<교과서 차례>

3. 국어의 이해와 탐구 (대단원)
 01. 음운 (중단원)
 (1) 음운 체계 (소단원)
 (2) 음운 변동

교과서 차례는 이 정도로 구성되어 있을 겁니다. 이것으로는 부족하니까 여러분이 더 채워야 할 텐데요. 모자란 부분을 채우기 위해서 교과서 본문으로 갑니다. 본문을 펴보면 소단원인 '(1)음운 체계'보다 더 세부적인 내용이 제목으로 달려있을 겁니다. 그것을 다음과 같이 씁니다.

<나만의 차례>-1

3. 국어의 이해와 탐구
 01. 음운
 (1) 음운 체계
 ① 자음 체계
 ② 모음 체계
 ③ 운소
 (2) 음운 변동
 ① 교체
 ② 동화
 ③ 탈락
 ④ 첨가
 ⑤ 축약

이렇게 쓰면 완성! '01.음운'을 중단원이라고 합니다. 그러므로 '음운' 단원 수업을 시작하기 전에 이 작업을 해 놓습니다.

*실시 단계2) 문법 교과서 본문은 줄글로 되어 있는 특징이 있습니다. 따라서 읽을 때 용어(혹은 '이건 용어다' 싶은 것)가 나오면 눈에 띄기 쉽게 연

필로 네모를 그려 표시합니다. 모르는 단어나 의문점이 있으면 밑줄을 그어 두거나 적어 둡니다. 그래야 선생님의 설명을 좀 더 집중해서 들을 수 있습니다.

자음이 만들어지면서 공기의 흐름에 장애가 일어나는 자리를 조음 위치라고 하고, 장애가 일어나는 방법을 조음 방법이라고 한다. 자음은 조음 위치와 조음 방법에 따라 여러 갈래로 나뉜다.
조음이 무슨 뜻이지?

조음 위치에 따라서는, 목청 사이에서 나는 목청소리〔후음(喉音)〕, 혀뿌리 부분과 여린입천장 사이에서 나는 여린입천장소리〔연구개음(軟口蓋音)〕, 혓바닥과 센입천장 사이에서 나는 센입천장소리〔경구개음(硬口蓋音)〕, 혀끝과 윗잇몸이 닿아서 나는 잇몸소리〔치조음(齒槽音)〕, 두 입술에서 나는 입술소리〔순음(脣音)〕 등으로 나뉜다.
'혀끝'이 혀의 어디를 말하는거지?

조음 방법에 따라서는, 구강만 이용해서 내는 구강음과 비강도 같이 이용해서 내는 비강음으로 우선 나뉜다. 구강음에는 허파에서 나오는 공기의 흐름을 완전히 막았다가 터뜨리면서 내는 파열음(破裂音), 공기가 나오는 발음 기관의 공간을 좁혀 마찰을 일으키면서 내는 마찰음(摩擦音), 파열 후에 마찰을 일으키는 파찰음(破擦音), 혀끝을 잇몸에 가볍게 대었다가 떼거나 혀끝을 윗잇몸에 댄 채 공기를 그 양옆으로 흘려 내보내면서 내는 유음(流音)이 있다. 비강음은 여린입천장과 목젖을 내려 공기가 코로 들어가도록 하여 내는 소리로, 비음(鼻音)이 여기에 속한다.

이렇게 일단 용어(개념)다 싶은 부분을 네모를 그리면서 읽어봅니다. 모르는 것은 질문 형식으로 적어 둡니다.

*실시 단계3) 네모를 '나만의 차례'에 추가한다.

차례의 앞부분일수록 상위 개념이라고 했습니다. 상위 개념만 나열해 놓은 차례로는 전체를 볼 수 있을지언정 부분은 볼 수 없죠. 따라서 네모를 한 부분(그러니까 개념이죠.)을 차례에 채워봅니다. 완벽하지 않아도 됩니다. 틀려도 상관없습니다. 예습을 하는 목적을 생각하세요. 예습은 미리 완벽하게 이해한 후 수업을 듣는 선행 학습과는 다른 개념입니다. 선행 학습은 모든 공부를 사전에 해 두고 수업을 듣는 것이기에 수업 시간에 아는 것을 설명하면 자칫 지루해질 수 있습니다. 하지만 예습은 수업을 잘 듣기 위해 하는 몸풀기라고 생각하면 됩니다. 따라서 틀려도 상관없으니 자신감을 가지고 써내려 가세요. 잘못된 것은 복습할 때 수정하면 됩니다. 한 번 수업할 분량 정도만 합니다. 처음에는 한 번 수업할 분량을 알 수 없어도 일주일 정도 수업하다 보면 감이 잡힐 겁니다.

<나만의 차례>-2

3. 국어의 이해와 탐구
 01. 음운
 (1) 음운 체계
 ① 자음 체계
   조음 위치에 따라 – 목청소리, 여린입천장소리, 센입천장소리, 잇몸소리, 입술소리
   조음 방법에 따라 – 구강음(파열음, 마찰음, 파찰음, 유음)
              – 비강음(비음)
 ② 모음 체계
 ③ 운소

수업

*준비 단계) 이제 아시죠? 필기구 준비. 마치 100m를 달리는 선수처럼 눈빛에 힘을 주고 선생님을 노려봅니다. (왜 째려보냐고 혼날 정도로 봅니다.)

*실시 단계) 선생님의 설명을 듣습니다. 이때 나만의 차례를 펼쳐두는 것은 좋지만 차례를 수정하거나 추가하지는 않습니다. 이것은 복습 때 할 일입니다. 수업에 집중하세요.

예습을 철저히 했다면 아마 모르는 교과서에 부분에 밑줄이 그어져 있거나 질문 내용이 적혀 있을 겁니다. 그것에 대한 답은 꼭 확인하세요. 그걸 확

인하려고 예습을 한 거였으니까요.

> 1. 수업 종료령이 울리면 바로 내용 훑어보기
> 2. 나만의 차례 완성하기

*실시 단계1) 수업 종료령이 울리면 곧바로 오늘 설명한 부분을 쭉 훑어봅니다. 특히 예습할 때 몰랐던 것을 설명해준 부분을 중심적으로 훑어봅니다. 만약 이해가 되지 않았다면 바로 친구나 선생님에게 질문해서라도 알아야 합니다. 문학이나 비문학과 달리 문법은 개념이 정말 중요합니다. 따라서 모르는 단어는 무조건 알고 가야합니다. 그것이 사전적 의미든 문맥적 의미든 말이죠. 예를 들어 '종속적으로 이어진 문장'이라는 용어에서 '종속'의 사전적 의미를 모르면 질문하거나 사전을 찾아야하고 수업 전에 몰랐던 '문장에서 종속적으로 이어지는 것'의 의미를 수업을 들어도 여전히 모르겠다면 친구, 선생님 아니면 검색창에라도 질문해서라도 해결하고 가야합니다.

*실시 단계2) 교과서를 폅니다. '나만의 차례'를 완성할 차례입니다. 예습할 때 미리 써둔 차례에 살을 붙입니다. 모자란 것이 있으면 보충하고 잘못된 것이 있으면 수정합니다. 간단한 설명도 곁들여 적어둡니다. 여기서 중요한 것이 있는데 꼭 예를 써두라는 것입니다. 문법은 딱딱한 용어로 설명되어 있기 때문에 이해나 암기하기가 쉽지 않습니다. 따라서 예를 통해서 이해와 암기를 하는 것이 효율적입니다. 각각의 개념에 해당하는 예를 한두 개만 적어 둡니다.

아마 문학이나 비문학보다 시간이 많이 걸릴 겁니다. 문법은 다른 영역에 비해 개념이 많기 때문에 당연한 현상입니다. 하지만 꼭 기억하세요. '문법을 수업할 수 있는 기회는 지금뿐이라 나는 이번 기회에 문법을 끝내겠다.'는 각

오로 해야 합니다.

이런 자세가 아니면 수능 문법 영역을 공부하기 위해 또 다시 많은 시간을 할애해야 합니다.

<나만의 차례>-최종

3. 국어의 이해와 탐구
 01. 음운
 (1) 음운 체계
 ① 자음 체계
   조음 위치에 따라 - 목청소리: ㅎ,
                여린입천장소리: ㄱ, ㄲ, ㅋ, ㅇ
                센입천장소리: ㅈ, ㅉ, ㅊ
                잇몸소리: ㄷ, ㄸ, ㅌ, ㅅ, ㅆ, ㄴ, ㄹ,
                입술소리: ㅂ, ㅃ, ㅍ, ㅁ

이쯤 되면 '나만의 차례'가 아니라 훌륭한 '정리 노트'가 되어 있을 겁니다. 연습장에 써둔 것이니 '나만의 차례 노트'를 만들어 내용을 옮겨 씁니다. 이렇게 철저하게 정리해두면 시험 기간에 부랴부랴 정리 노트를 만들지 않아도 되니 시험 기간이 훨씬 여유로워집니다. (다시 말하면 정리 노트는 무조건 만들어서 공부해야 한다는 겁니다.) 게다가 미리 이해를 해두었으니 암기가 훨씬 쉬워지겠죠. 깔끔하게 만들어진 '나만의 차례(정리 노트)'를 파일에 모아둡니다. 이 정리 노트는 수능 훈련법에서 사용할 소중한 교재가 됩니다.

내신 시험, 훈련의 원칙❷

선생님이 수업한 내용은 모두 암기한다.

'내신 시험, 훈련의 원칙❶'을 잘 지켜서 훈련했다면 시험 기간에 들어서는 마음이 다를 겁니다. 예전에는 공부할 게 너무 많아서 어디서부터 시작해야 하나 고민했을 테지만 지금은 그런 고민은 필요가 없어졌습니다. 뭘 공부해야 할지 선명하게 보이기 때문이지요. 오히려 시험 기간이 기다려진다고 할까요?

'선생님, 그건 좀 오버인 것 같습니다.'라는 학생들의 야유가 들리는 듯하군요. 하지만 공감하는 학생도 있을 거라 믿습니다. 원칙을 지켜 혹독하게 훈련한 학생이라면 말이지요. 그런데 이런 질문을 하는 학생도 있을 수 있습니다.

"원칙을 지키면서 정말 열심히 했습니다. 그래도 어떻게 해야 할지 모르겠어요."

걱정 마세요. 선생님은 결코 여러분을 버리지 않습니다. 조금 더 설명이 필요한 학생을 위해서 시험 기간을 위한 계획을 지금 공개합니다.

⁂

*단계1) 준비 단계(시험 3주전)

준비물이 필요합니다. 교과서와 참고서(여기에 교과서 전용 문제집 정도를 추가될 수 있어요. 출판사마다 교과서와 구성이 같은 참고서와 전용 문제집을 같이 발간해서 판매합니다.) 그리고 문법은 '나만의 차례 노트', 시는 본문을 써놓은 '국어 노트'입니다. (전혀 필기가 되지 않은 교과서가 하나 더 있으면 좋습니다만 필수는 아닙니다.) 문제집이 더 필요하지 않느냐고 묻는 학생이 있을 텐데요. 학원의 예를 들어 설명해보도록 하죠. 아마 학원에 다니는 학생은 학원에서 퍼붓듯이 준 엄청난 양의 과제를 받은 경험이 있을 겁니다. 그런데 말입니다. (김상중 씨 톤으로) 그 과제를 모두 하는 데만 엄청난 시간이 필요하다는 사실은 해본 사람은 다 압겁니다. 그걸 다하면 성적은 오릅니다. 문제는 다른 과목도 해야 한다는 사실이죠. 다른 과목을 포기하고 국어만 하는 것은 집짓는다고 한 사람이 터만 닦고 끝내는 것과 다를 게 없습니다. **과목의 균형 정말 중요합니다. 따라서 문제집은 참고서 문제에서 끝냅니다. 대신 좀 꼼꼼하게 풀 겁니다.**

*단계2) 시작 단계(시험 3주전~시험 2주전)

---

❶ 중요한 내용을 중심으로 본문을 훑어본다.
❷ 학습활동을 꼼꼼히 써 본다.

---

*시작 단계❶) 중요한 내용을 중심으로 본문을 훑어본다.

여기에서 중요한 내용이란 첫째, 행간주 외에 선생님이 따로 필기한 내용입니다(관련 내용은 51쪽을 참고해 주세요). 따로 필기한 내용은 주관식이 나올 확률이 높고 적어도 객관식의 선택지의 하나 정도로라도 꼭 나옵니다. 둘째, 선생님이 필기한 행간주입니다(51쪽 참고). 그 행간주를 거의 외울 듯이 봅니다. 필기가 안 된 교과서에 그대로 쓸 수 있을 만큼 외웁니다. 대신 행간주가 달린 이유를 '왜-질문법'을 적용해가며 봅니다. 앞에서 행간주가 달린 이유는 선생님이 설명한 내용을 확인하거나 복습할 때 어떻게든 알아두라고 했으니까 복습을 잘 지킨 학생은 쉽게 이해할 수 있을 겁니다.

*시작 단계❶) 학습 활동을 꼼꼼히 써 본다.

출제자 입장에서 학습 활동은 서술형 문제를 낼 때 가장 참고하기 쉬운 부분 중 하나입니다. 따라서 학습 활동의 답으로 필기된 내용은 암기해야 합니다. 서술형이 나와도 당황하지 않고 쓸 수 있도록 말이죠. 다만 처음 볼 때는 학습 활동 내용을 꼼꼼하게 써보는 것부터 시작하기 바랍니다. 그래야 내용이 머리에 들어옵니다. 쓰는 걸 귀찮아하면 좋은 성적을 받기 힘듭니다. 내신 시험은 '필기' 시험이니까요.

주의할 점이 있습니다. 첫째, 발문을 잘 읽고 발문에 해당하는 내용만 암기합니다. 참고서의 모범 답안은 깨알 같은 글씨로 5~6줄 정도로 이루어져 있습니다. 그런데 읽어보면 발문의 답에 해당하는 내용은 1~2줄밖에 없고 나머지는 그 답의 부연 설명입니다. 따라서 모범 답안 내용 중 발문에 해당하는 내용만 추려서 암기하면 훨씬 암기가 쉬워집니다.

둘째, 학습 목표와 관련된 학습 활동은 좀 더 주의 깊게 봅니다. 학습 목표와 관련된 학습 활동이 개별 활동이나 모둠 활동과 관련된 것이라면 모르지만 본문 내용과 관련이 있는 학습 목표인 경우는 정말 중요합니다. 이것은 곧 시험 한 문제라고 생각하고 보기 바랍니다.

*단계3) 심화 단계(시험 1주 전)

---

❶ 참고서의 문제를 푼다. ('나만의 풀이'를 작성한 후 해설지를 볼 것)
❷ 행간주와 학습 활동 답을 적어 본다.
❸ 참고서의 기타 부분을 읽어본다. (필수 아님)

---

*심화 단계❶) 참고서의 문제를 푼다.

문제 푸는 것을 등한시하는 학생이 생각보다 많습니다. 완벽하게 암기했는데 문제 푸는 게 뭐가 중요하냐는 생각이겠지요. 그 생각의 오류를 직접 지적하는 대신 문제 풀이의 중요성을 설명하는 게 나을 듯하군요.

문제 풀이는 자신이 모르는 것을 정확하게 알 수 있게 해주는 도구입니다. 미처 생각하지 못했던 부분을 생각해보게 하는 계기를 마련해주기 때문에 학습 의욕을 길러줍니다. 또한 문제에 적응할 수 있게 해줍니다. 결국 시험도 문제 풀이니까 해당 단원을 제재로 한 문제를 통한 적응이 분명히 필요한 것이죠.

다만 전제되어야 할 것이 있습니다. 일단 틀리고 맞는 것에 목숨을 걸어서는 안 됩니다. 목숨을 걸어야 할 건 시험 문제이지 참고서 문제가 아니지요. 맞더라도 '제대로 맞는 것'이 중요합니다. 참고서 문제를 찍어서 맞혔다고 해서 그걸 아는 것은 아니라는 것을 많은 학생들은 알고 있는데도 번호에 동그라미를 하는 순간 그 문제에 관한 모든 것을 본인이 아는 것으로 착각해 버립니다. 그래야 마음이 편하니까요.

하지만 냉정하게 바라보기 바랍니다. 그 문제를 정말 본인이 알고 맞힌 게 맞나요? 다시 공부하기 싫어서 본인을 속이는 것은 아닌가요? 본인도 속일 수 없는 증거를 만드는 방법이 바로 '나만의 풀이'를 만드는 것입니다. 보통 학생들은 문제를 풀면 정답을 확인하고 맞으면 좋아하고, 틀리면 해설을 훑어 읽고 마치 다 이해한 것 마냥 공부를 끝냅니다. 하지만 지금부터는 '나만의 풀이'를 만들고 나서 해답지를 봅니다. 다시 말하면 문제를 풀고 나서 바로 채점을 하는 게 아니라 문제를 풀고 '나만의 풀이'를 만들고 나서 해답지를 봅니다. 그리고 해답 풀이와 일치한다면 그 문제를 여러분이 알고 맞힌 겁니다. 틀렸다면? 틀린 이유를 꼼꼼하게 정리합니다. 그래야 비로소 본인이 아는 것이 됩니다.

▶기존의 방식: 문제 풀이 → 정답 확인 → 해설 확인
　-문제점: 왜 틀렸는지 모른다. 해설을 대강 보게 된다.
▶제시된 방식: 문제 풀이 → 나만의 풀이 작성 → 정답 확인 → 해설 확인
　-좋은 점: 왜 틀렸는지 알 수 있다. 해설을 꼼꼼하게 볼 수 있다.

　그럼 나만의 풀이를 작성하는 원칙과 예를 통해 나만의 풀이 작성 방법을 제시하겠습니다.

나만의 풀이 작성 원칙

①모든 선택지에 왜 이 선택지가 맞는지(혹은 틀린지)에 대한 간략하게 이유를 쓴다.
②틀린 문제는 왜 틀렸는지에 대한 이유를 쓴다.

　모든 선택지에 여러분이 고른 선택지가 맞는지 틀린지를 적습니다. 문장 형식으로 길게 쓸 수도 있지만 '없음'이나 'X', 혹은 밑줄을 그어 연결하는 식으로 써둬도 됩니다.

　만약에 틀렸다면 왜 틀렸는지 분석해야 합니다. 실수를 한 것인지, 배운 내용이 기억이 안 난 것인지, 선생님의 필기에서 확인할 수 없었다든지 다양한 이유가 있을 것입니다. 그걸 적으면 됩니다.

① 금강산을 유람하였음. : 2문단 2째줄

② 장사를 해서 큰 부자가 됨. : 3문단 3째줄

③ 서울에서 성상을 만나 상을 받음. : 3문단 3째줄

④ 모든 재산으로 백성을 구휼함. : 3문단 5째줄

⑤ 의학적 지식을 쌓아 백성을 치료함. : 없음

틀린 이유:
구휼을 뜻을 몰라서 ④를 하고
⑤는 보지 않았음.
선택지를 끝까지 보자!

예를 보면 어떻게 풀이를 해야 하는 지 충분히 이해할 수 있을 겁니다. 간략하게 쓰되 다시 봐도 확인할 수 있게 쓰는 것이 핵심입니다.

*심화 단계❷) 행간주와 학습 활동 답을 완벽히 암기한다.

복습에서 시에만 해당했던 단계4를 기억하시나요?(52쪽 참고) 그걸 써먹을 때가 왔습니다. 시 작품을 써놓은 국어 노트와 연필을 꺼내서 기억나는 행간주를 모조리 써봅니다. 대신 힘을 빼고 씁니다. 힘을 주고 쓰면 지워도 표가 나니까요. 쓰고 난 후 교과서와 비교해봅니다. 필기된 내용과 똑같나요? 다르면 지웁니다. 그리고 한 번 더 씁니다. 똑같나요? 교과서 필기와 똑같아질 때까지 몇 번이고 합니다. 몇 번 반복하다 보면 얼마 지나지 않아 똑같아집니다. 시간이 많이 걸리겠거니 생각하겠지만 생각보다 얼마 걸리지 않을 겁니다.

소설과 극, 비문학은 행간주를 손으로 가려가며 연습장에 써봅니다. 행간주의 내용을 똑같이 적을 수 있어야 합니다. '뭐, 왜-질문'에 대한 답을 하면서 훈련한다면 금상첨화! (시중에 파는 암기펜이 도움이 됩니다. 너무 자세히 소개하면 장사치 같으니까 직접 검색해서 확인하시길.)

문법은 교과서와 학습 활동에 나온 모든 예를 암기합니다. 교과서의 사용된 예는 그대로 출제됩니다. 그런 의미에서 '나만의 차례'가 중요합니다. 앞에서 나만의 차례를 만들 때 예까지 잘 정리해두라고 했던 거 기억하시죠? 나만의 차례를 백지에 그대로 쓸 수 있을 때까지 반복합니다.

학습 활동의 답은 서술형으로 출제될 수 있으므로 백지에 학습 활동 문제만 적어두고 답안을 그대로 쓸 수 있을 때까지 암기합니다.

*심화 단계❸) 참고서의 기타 부분을 읽어본다.

참고서는 본문 내용 이외에 참고할만한 내용을 담고 있는데, 그것을 읽으면 본문 내용을 이해하는 데 도움을 받을 수 있습니다. 그러나 이 부분은 말 그대로 '참고'일 뿐이므로 이 단계가 필수는 아닙니다. 앞 단계를 모조리 끝냈는데도 불안하거나 시간이 남는 학생만 하면 됩니다. 달리 말하면 앞 단계를 제대로 끝내지도 못했는데 이 부분을 보는 건 시간 낭비라는 말입니다.

❊

지금까지가 내신 시험의 훈련법에 대한 설명이었습니다. 그렇지만 이 공부 방법은 내신 시험의 범위가 교과서에 한정될 경우에만 해당합니다. 그런데 만약 시험 범위가 보충 교재까지 포함된다면 그 학교는 수능형 문제를 줄제하겠다는 의지를 보이는 것이므로 수능형 훈련을 병행해야 합니다. 수능 시험의 훈련법은 다음에 제시하겠습니다.

Part6

개념과 독해력을 잡아라

:수능 기본 훈련법

앞에서 설명했던 것과 같이 수능 시험은 독해력과 사고력, 언어이해력 등을 측정하는 시험이기 때문에 단순한 문제 풀이 위주의 학습으로는 성적이 향상될 수 없습니다. 그런데 보통의 학생들은 문제만 많이 풀고서는 성적이 오르지 않으면 국어는 어떻게 공부를 해야 하는지 모르겠다고 합니다.

물론 문제 풀이만 공부해도 성적이 오르는 학생은 분명히 있습니다. 다만 이런 학생은 대부분은 기본적인 독해력이나 사고력이 뛰어난 학생입니다. 선천적으로 타고났을 수도 있지만 사실 본인도 모르게 독해력과 사고력이 잘 학습된 학생이라 볼 수 있습니다. (부모님께 감사인사 드리세요.) 이런 학생은 독해력, 사고력, 언어이해력을 키우는 학습을 굳이 할 필요가 없습니다. 그런데 국어 성적이 낮은 대부분의 학생은 그렇지 않죠.

내신 시험 공부법과 달리 수능 시험 공부법은 긴 호흡으로 준비해야 합니다. 1년에 4회 치르는 내신 시험에 비해 수능 시험은 고등학교 시절 달랑 1회만 치르는 시험이기 때문에 계획적으로 차근차근 준비해야 잘 치를 수 있는 시험입니다. 따라서 당장에 모의고사 시험 결과에서 그다지 높은 성과를 보이지 못하더라도 문제 풀이가 아니라 독해력과 사고력, 언어이해력을 키우는 학습부터 차근차근 시작해야합니다. 그래야 수능 시험에서 좋은 성적을 받을 수 있습니다.

수능 시험 공부법은 총 3단계로 구성됩니다. 기본 훈련은 국어 수능 시험을 치르기 위한 기초를 공부하는 단계입니다. 기출문제의 지문으로 독해력과 독해를 위한 사고력, 언어이해력을 키웁니다. 이 단계에서는 앞에서 소개했던 '뭐, 왜-질문법'을 통한 어휘와 개념 공부를 병행해야합니다. 야구로 치면 기초 체력 훈련과 비슷하죠. (타이어 끌기, 산 뛰어 올라가기 뭐 이런 거) 기초 체력 훈련에서 배트를 쥐거나 공을 던지지 않는 것처럼 기본 훈련에서 문제는 풀지 않습니다.

심화 훈련은 기출문제 지문으로 '뭐, 왜-질문법'을 통한 문제 풀이 공부를 하는 단계입니다. 문제를 분석하고 문제를 풀기위한 사고력을 키웁니다. 기본 훈련이 끝난 후 진행하는 단계로 기초 체력 훈련이 끝난 야구선수가 스윙 연습을 한다거나 투구 연습을 하는 것과 비슷하죠.

실전 훈련은 EBS 문제집을 통해 문제 풀이 시간을 조절하는 능력을 키우는 단계입니다. 야구선수가 연습 게임과 시범 경기를 통해 스트라이크 존을 점검하고 타격과 투구의 감을 익히는 것과 유사합니다.

학습 단계	목적	기간
기본 훈련	독해력, 사고력, 언어이해력 신장	고1~고2 겨울방학 전
심화 훈련	문제 풀이 능력 신장	고2 겨울방학~고3 여름방학
실전 훈련	문제 풀이 시간 조절 능력 신장	고3 여름방학 후

앞의 표는 학습 단계의 명칭과 목적, 시간을 정리해둔 것입니다. 이 중 '기간'은 가장 이상적인 기간을 임의로 설정해둔 것입니다. 학생들마다 생긴 게 다르듯 능력도 다 다르기 때문에 획일적인 계획이란 존재하지 않습니다만 가장 무리 없이 공부를 진행할 수 있는 일반적인 계획을 세워두었습니다. 지금 고등학교 1학년이라면 이 계획에 맞추어 단계를 성실히 진행하면 좋은 결과

를 볼 수 있습니다. 하지만 여러분이 고등학교 2학년이나 고등학교 3학년이어도 좌절할 필요는 없습니다. 단계별 기간을 줄이면 됩니다. 다만 '기본─심화─실전'의 단계대로 집중력 있게, 꾸준히 해야 합니다.

기본 훈련의 계획 세우기

계획은 큰 단위부터 작은 단위로 세우는 것(한 달→일주일→하루)이 기본이지만 처음 시작할 때는 일주일 단위로 계획을 세웁니다. 그래야 성취감을 느낄 수 있기 때문입니다. 일주일 단위로 세운 계획을 완수하는 경험을 4주(한 달) 정도 하게 되면 성취감 때문에 계획을 지킬 수 있다는 자신감을 얻게 됩니다. 4주를 성공한 이후에는 1~2개월 단위로 계획을 세웁니다. 그럼 지금부터 갈래별 계획의 예시를 소개하겠습니다.

여기서 **잠깐!**　화법과 작문은 기본 훈련이 없습니다

화법과 작문은 개념이 없고 문제 풀이 방법이 독서나 문학, 문법과 유사하기 때문에 다른 영역의 기본 훈련만 잘 이행해도 충분히 대비할 수 있기 때문입니다. 화법과 작문은 심화 훈련(문제 풀이 훈련)부터 진행합니다.

비문학(독서)

시중에 나와 있는 기출문제집을 준비합니다. 일단 학년에 상관없이 수능 기출문제로 합니다. 그런데 정말 너무 어려워서 무슨 말인지 하나도 모르겠다면('어렵다'의 기준은 한 문단에 모르는 단어가 4개 이상일 경우입니다.) 고등학교 1학년 혹은 고등학교 2학년 전국연합학력평가 기출문제집으로 합니다. 기출문제집을 고르는 기준은 한 가지입니다. 지문에 대한 해설이 잘 되어 있는 문제집을 고릅니다. 해답지를 펴서 지문의 각 문단의 중심 내용이 달려 있는지, 주제가 잘 정리되어 있는지를 확인하세요. (그런데 사실 대부분의 기

출문제집에 이런 해설이 되어 있긴 하지요.) 그 이후에 구성이나 디자인 등을 고려해서 마음에 드는 것을 고릅니다. (자주 봐야하니까 질리지 않을 법한 것으로 고르세요.)

독서의 목표량은 기출문제 지문 100개 분석입니다. 하루에 2개씩 분석한다면 50일이면 목표를 채울 수 있습니다. 3개씩 한다면 기간을 더 줄일 수 있겠지만 그러려면 하루에 더 많은 시간을 국어 공부에 투자해야 하겠죠. 본인의 성향과 상황에 맞게 조절하면 됩니다. 다만 매일하는 것을 권합니다. 일요일은 따로 계획을 세우지 않습니다.

그럼 이런 식의 주간 계획표 작성이 가능하겠군요. 예를 들어보겠습니다.

독서 계획표	월	화	수	목	금	토	총량
목표량	2지문	2지문	2지문	2지문	2지문	2지문	2지문
실시량	2지문	2지문	1지문	2지문	1지문	0지문	8지문
미달량			1지문		1지문	2지문	4지문

실시량과 미달량을 표시할 수 있는 계획표인데, 이번 주 계획에 4개의 미달량이 생겼습니다. 이건 자연스럽게 일요일 계획이 됩니다. (일요일 계획이 없는 이유를 알겠죠?) 만약 미달량이 생기지 않았다면 뿌듯해하며 일요일엔 휴식을 하거나 다른 공부를 하면 됩니다.

현대시

비문학과 마찬가지로 지문은 기출문제집에 수록된 것으로 합니다. 다만 비문학과 달리 학년과 수준에 관계없이 수능 기출문제집으로 통일합니다. 문학은 1학년 문제에 나왔던 작품이 3학년 문제에도 나오는 일이 다반사이기 때문에 군이 학년에 맞는 문제집을 선택할 필요가 없습니다. (고전소설, 현대소설도 이 기출문제집 한 권에 다 포함되어 있으므로 이하 설명은 생략할게요.)

현대시의 목표량은 기출문제 100작품 분석입니다. 하루 2개씩 50일이면 목표를 채울 수 있습니다. 작품은 기출문제 작품으로 분석하면 됩니다. 주간 계획표의 예를 들어보겠습니다.

시 계획표	월	화	수	목	금	토	총량
목표량	2지문	2지문	2지문	2지문	2지문	2지문	12지문
실시량							
미달량							

현대소설

현대소설의 목표량은 기출문제 50작품 분석입니다. 하루 1개씩 50일이면 목표를 채울 수 있습니다.

소설 계획표	월	화	수	목	금	토	총량
목표량	1지문	1지문	1지문	1지문	1지문	1지문	6지문
실시량							
미달량							

고전시가

고전시가는 포괄하고 있는 갈래가 다양해서 설명할 게 좀 많네요. 단계별로 정리하겠습니다.

*계획 단계1) 갈래별 순서 정하기

갈래별로 순서를 정해두겠습니다. 일단 고전 운문의 갈래부터 알아보도록 하죠. 고전시가는 다른 갈래와 달리 참고서(고전시가만 묶어 놓은 참고서로 시중에 출판사별로 다양하게 나와 있습니다.)로 훈련합니다.

고전문학의 갈래				
시대	갈래			
고조선, 삼국	고대가요			한시
신라, 통일 신라	향가			
고려	고려가요	경기체가	시조	
조선 전기	시조	가사	민요	
조선 후기	시조+사설시조			

　참고서에 대략 이 정도의 순서로 작품이 실려 있을 겁니다. 여기에서 가장 우선 순위를 둬야할 건 조선시대의 시가인 시조와 가사입니다. 참고서의 차례를 보면 알겠지만 시조와 가사의 작품수가 다른 갈래보다 월등히 많을 겁니다. 그리고 현재와 가장 가까운 시대의 문학이기도 하지요. 이 두 갈래가 시험에서 가장 많이 출제되니까 이 갈래 공부부터 먼저 합니다.

　이 두 갈래가 정리된 다음에 '고려가요→향가→고대가요→한시→민요→경기체가'순으로 공부합니다. 전체적으로 시대의 역순인데 비해 경기체가가 가장 나중에 있는 이유는 경기체가는 문학적으로 그다지 인정을 받지 못하는 갈래이기 때문입니다. 그래서 출제 비중이 낮죠. (비운의 갈래입니다.) 한시와 민요는 출제되더라도 현대어로 제시되기 때문에 비교적 쉽게 읽을 수 있는 갈래이기에 뒷부분에 넣습니다. (상황에 따라 굳이 보지 않아도 됩니다.)

*계획 단계2) 세부 계획 세우기

　최초 일주일 계획은 '일주일에 시조 10편, 가사 1편 보기' 정도로 시작합니다. 일주일에 해당하는 목표치를 정했으면 하루에 공부해야 할 양도 나옵니다. '하루에 시조 2편, 가사는 매일 보기' 계획대로 진행된다면 한 달이면 시조 40편, 가사 4편을 볼 수 있겠군요. 예를 들어보겠습니다.

	계획		실시			
	총 목표량		실시량		미달량	
	시조	관동별곡	시조	관동별곡	시조	관동별곡
	10편	3쪽	8편	2.5쪽	2편	0.5쪽
월	2편	0.5쪽	2편	0.5쪽		
화	2편	0.5쪽	2편	0.5쪽		
수	2편		2편			
목	3편	1쪽	3편	1쪽		
금	1편	0.5쪽	1편			0.5쪽
토	2편	0.5쪽		0.5쪽	2편	

'쪽'은 참고서의 쪽수를 의미함.

최종 목표량은 참고서 모든 작품 2회독입니다. 상황에 따라 1회독을 할 수도 있지만 시조와 가사의 경우는 꼭 2번 정도는 읽고 심화 훈련에 들어가는 것을 권합니다.

고전소설

고전소설의 목표량은 기출문제 50작품 분석입니다. 하루 1개씩 50일이면 목표를 채울 수 있습니다.

소설 계획표	월	화	수	목	금	토	총량
목표량	1지문	1지문	1지문	1지문	1지문	1지문	6지문
실시량							
미달량							

수능 기본 훈련 (개념 강화)

문법

문법 영역은 내신 공부가 곧 수능 기본 학습입니다. 내신 공부법에서 강조한 내용을 다시 간단하게 정리하겠습니다.

①수업 때 공부해두지 않으면 다시 공부할 시간이 없다. ②'나만의 차례'를 작성하면서 문법 정리 노트를 만들어라. ③'나만의 차례 노트'를 완벽하게 암기하라.

사실 이 정도만 해도 내신 시험에서 꽤 높은 성적을 받을 수 있을 뿐만 아니라 수능 시험에서의 기본 학습은 완전히 끝난 것이라고 볼 수 있습니다. 만약 내신 시험 준비 기간에 ①을 제대로 인지하지 못해서 ②를 등한시했다면 수능 준비에서 꽤 많은 시간을 '나만의 차례 노트'를 작성하는 데 써야할 수도 있고 최악의 경우에는 고등학교 3학년 여름방학 즈음에 문법 영역 인터넷 강의를 찾아 듣는 불상사가 있을 수도 있습니다. 고등학교 3학년은 국어만 공부하는 게 아니기 때문에 절대적인 공부 시간이 부족합니다. 그런데 기본 학습까지 해야 한다면 24시간이 모자란다는 느낌을 받을 겁니다. 미리미리 잘 준비해서 이런 불상사를 미연에 방지합니다. 하지만 지금 여러분이 고등학교 3학년이라면 24시간이 모자란다는 느낌을 받을 정도로 정말 열심히 치열하게 하기 바랍니다. 그래야 원하는 성적을 받을 수 있어요. 잘 정리해둔 '나만의 차례 노트'를 계속 반복해서 보면서 기본 개념을 암기해야 합니다.

⁜

문법 기본 학습은 이걸로 충분합니다. 웬만한 문법 개념은 친구에게 설명할 수 있는 수준이 되면 심화 훈련을 진행합니다.

비문학 (독서)

비문학 영역은 일반적으로 글의 제재에 따라 인문, 사회, 예술, 기술, 과학, 문법 6가지의 영역으로 나뉩니다. 이런 분류는 출제자의 입장에서는 나름의 의미를 가집니다. 고른 영역의 지식을 담은 글을 통해 수험생의 독해력을 측정한다는 것이지요. 그런데 글을 읽고 문제를 푸는 수험생에게 제재에 따른 분류는 사실 큰 의미가 없습니다. 어떤 글이든 잘 읽을 수 있는 독해력을 기르면 문제를 푸는 데 문제가 없기 때문입니다. 따라서 비문학 영역에서의 기본 학습의 궁극적인 목표는 이것이 됩니다.

비문학의 독해력을 기른다.

이와 달리 비문학 지문을 글쓴이의 목적에 따라 분류할 수 있습니다. 이것은 중학교에서도 배운 기본적인 내용일 텐데요. 크게 두 가지로 분류합니다. 정보를 전달하기 위한 글과 주장을 펼치는 글로 분류하는 방법입니다. 간단하지만 글쓴이의 의도, 더 나아가 출제자의 의도를 읽을 수 있다는 점에서 오히려 이 분류가 수험생에게 도움이 될 수 있다고 생각합니다.

글쓴이가 정보를 전달하는 글을 쓴 목적은 독자에게 정보를 이해시키는 것입니다. 그럼 독자 입장에서는 정보를 잘 이해하면 됩니다. 따라서 출제자도 수험생이 지문의 정보를 잘 이해했는지에 대한 문제를 출제하게 됩니다. 이에 반해 주장을 펼치는 글을 쓴 글쓴이의 목적은 독자를 설득시키는 것입니다. 그럼 독자 입장에서는 글쓴이의 주장과 근거를 정확하게 파악하고 과연 이 주장이 설득될 만한 주장인가를 판단해야 합니다. 따라서 출제자는 수험생이 필자의 주장과 근거를 정확하게 이해했는지, 그리고 지문의 주장을 비판적으로 판단할 수 있는지를 평가하는 문제를 출제하게 되지요.

비문학 지문을 잘 읽기 위해서는 일단 글의 구조를 파악해야 합니다. 그리고 글의 구조를 파악하기 위해서는 글쓴이의 의도를 생각하면서 사고하는 습관을 길러야 하지요. 따라서 비문학에서의 기본학습의 두 번째 목표는 이것으로 합니다.

글쓴이의 의도를 생각하면서 글의 구조를 파악한다.

이제부터 글쓴이의 의도를 고려하면서 글의 구조를 파악하고 나아가 전반적인 독해력을 향상시킬 수 있는 공부법을 소개합니다.

*실행 단계) 실행 단계는 다음과 같은 순서로 진행합니다.

> 비문학(독서) 기본 훈련의 실행 단계
>
> 1. 첫 번째 문단 보기
> 2. 문단마다 중심 문장에 밑줄 긋기
> 3. 문단의 제목 달기
> 4 주제 쓰기
> 5. 해답지와 비교하기

2009학년도 대학수학능력시험 기출문제입니다. 이 지문을 통해 내용을 전개하겠습니다.

⑴ 우리나라의 남해안 일대에서는 중생대 백악기에 살았던 공룡의 발자국 화석이 1만 개 이상 발견되었다. 이 화석들은 당시 한반도에 서식했던 공룡들의 특성을 밝히는 실마리를 제공한다. 공룡 발자국 연구에서는 발자국의 형태를 관찰하고, 발자국의 길이와 폭, 보폭 거리 등을 측정한다. 이렇게 수집한 정보를 분석하여 공룡의 종류, 크기, 보행 상태 등을 알아낸다.

⑵ 우선 공룡 발자국의 형태로부터 공룡의 종류를 알아낸다. 남해안 일대에서 발견된 공룡 발자국은 초식 공룡인 용각류와 조각류, 육식 공룡인 수각류의 것으로 대별된다. 용각류의 발자국은 타원형이나 원형에 가까우며 앞발이 뒷발보다 작고 그 모양도 조금 다르다. 이들은 대체로 4족 보행렬을 나타낸다. 조각류의 발자국은 세 개의 뭉툭한 발가락이 앞으로 향해 있고 발뒤꿈치는 완만한 곡선을 이룬다. 이들은 대개 규칙적인 2족 보행렬을 보인다. 수각류의 발자국은 날카로운 발톱이 달린 세 개의 발가락과 좁고 뾰족한 발뒤꿈치를 보인다. 조각류처럼 2족 보행렬을 나타내지만 발자국의 길이가 발자국의 폭보다 더 길다는 점이 조각류와 다르다.

(3) 다음으로 공룡 발자국의 길이로부터 공룡의 크기를 추정할 수 있다. '발자국의 길이(FL)'에 4를 곱해 '지면으로부터 골반까지의 높이(h)'를 구하여[h=4FL], 그 크기를 짐작할 수 있다. 4족 보행 공룡의 경우에는 일반적으로 뒷발자국의 길이를 기준으로 한다. 단, h와 FL의 비율은 공룡의 성장 단계나 종류에 따라 약간씩 다르게 적용된다.

(4) 또한 '보폭 거리(SL)'는 보행 상태를 추정하는 기준으로 사용된다. 여기서 SL은 공룡의 크기에 따라 달라지기 때문에 SL을 h로 나눈 '상대적 보폭 거리[SL/h]'를 사용한다. 학자들은 SL/h의 값이 2.0 미만이면 보통 걸음, 2.0 이상 2.9 이하이면 빠른 걸음이었을 것으로, 2.9를 초과하면 달렸을 것으로 추정하고 있다.

(5) 남해안 일대에서는 공룡 발자국 외에도 공룡의 뼈나 이빨, 다른 동식물의 화석 등도 발견된다. 공룡 발자국과 함께 발견되는 물결 자국이나 건열 등의 퇴적 구조를 분석하여 발자국이 만들어진 당시의 기후나 환경을 짐작할 수 있다.

*실행 단계1) 첫 번째 문단 보기

지문의 첫 번째 문단은 중요합니다. 이유는 간단합니다. 기출문제의 지문은 잘 다듬어진 글이기 때문이지요. 좀 더 자세히 이야기하자면, 지문에 담긴 정보는 발췌해 오는 경우가 많지만 글의 구성은 문제의 형식에 맞게 다듬는 작업을 반드시 거칩니다. 길이도 수정해야 하고 지나치게 전문적인 용어는 고등학교 수준에 맞는 용어로 교체해야 합니다. 그리고 전체적인 구조도 완결성을 갖추게 하기 위해 노력하지요. 그러다 보면 자연스럽게 두괄식 구조를 갖추게 됩니다. 글의 길이는 짧지만 완벽한 글의 구조를 갖추려면 두괄식을 채택하는 것이 가장 안정적입니다. 이런 이유로 다들 첫 문단을 강조하는 것입니다. 이제부터 첫 번째 문단을 어떻게 보는지 알아보도록 하지요.

기출문제의 지문을 폅니다. 그리고 첫 번째 문단을 봅니다. 그리고 자주 반복되는 단어를 찾아서 네모를 칩니다. 그 네모 안의 용어가 중심 화제일 가능성이 큽니다.

> 우리나라의 남해안 일대에서는 중생대 백악기에 살았던 공룡의 발자국 화석이 1만개 이상 발견되었다. 이 화석들은 당시 한반도에 서식했던 공룡들의 특성을 밝히는 실마리를 제공한다. 공룡 발자국 연구에서는 발자국의 형태를 관찰하고, 발자국의 길이와 폭, 보폭 거리 등을 측정한다. 이렇게 수집한 정보를 분석하여 공룡의 종류, 크기, 보행 상태 등을 알아낸다.

'공룡', '발자국'이라는 단어가 4번, '화석'이라는 단어가 2번 나왔습니다. 따라서 이 단어들은 중심 화제일 가능성이 높습니다. 정리하면 '공룡 발자국 화석'이 됩니다.

*실행 단계2) 문단마다 중심 문장에 밑줄 긋기

일단 각 문장에 번호를 달아둡니다. 그리고 글을 읽으면서 가장 중요하다고 생각되는 문장 하나를 골라 밑줄을 긋습니다. 여기에서 '가장 중요하다'의 기준은 이 질문의 답이라고 생각하면 되겠습니다. 이 문단의 '존재 이유'는 무엇인가요?

즉, 글쓴이가 왜 이 문단이 필요했는지를 생각해봐야 합니다. 이것이 글쓴이의 의도를 파악하며 글 읽기입니다. 이제부터 그 방법을 설명합니다.

앞에서 글의 종류는 두 가지가 있다고 했습니다. 기억하나요?(78쪽 참고) 설명문과 논설문입니다. 그 둘의 목적을 생각해보세요. 설명문은 '정보 전달'이고 논설문은 '주장 설득'입니다. 다르게 이야기하면 설명문의 존재 이유는 정보를 전달하는 것이고, 논술문의 존재 이유는 주장을 설득하는 것입니다.

이런 기준으로 본다면 설명문에서 문단의 존재 이유는 간단합니다. 정보를 제공하거나 정보를 설명하기 위한 부연이죠. 논설문은 주장을 드러내거나 주장을 위한 근거를 제공하는 거지요. 물론 설명을 하기 위해서 부연에서 또 다른 정보를 제공해야할 필요가 있을 수도 있고 주장을 드러내기 위해서 필요한 정보를 제공하기도 합니다. 또한 주장이 두 가지 이상 나오기도 하지요. 정리

하면 문단의 존재 이유를 생각할 때는 이런 식의 사고 과정이 필요하다는 결론에 이르게 됩니다.

문단의 존재 이유 파악을 위한 질문

① 정보를 전달하기 위한 문단인가?
② 부연을 위한 문단인가?
③ 주장을 드러내는 문단인가?
④ 근거를 드러내는 문단인가?

이런 식으로 문단의 존재 이유를 생각하면 중심 문장이 보이게 됩니다. 다시 지문을 볼게요.

---

(1) ① 우리나라의 남해안 일대에서는 중생대 백악기에 살았던 공룡의 발자국 화석이 1만개 이상 발견되었다. ② 이 화석들은 당시 한반도에 서식했던 공룡들의 특성을 밝히는 실마리를 제공한다. ③ 공룡 발자국 연구에서는 발자국의 형태를 관찰하고, 발자국의 길이와 폭, 보폭 거리 등을 측정한다. ④ 이렇게 수집한 정보를 분석하여 공룡의 종류, 크기, 보행 상태 등을 알아낸다.

앞에서 첫 번째 문단에서의 중심 화제는 '공룡 발자국 화석'이라는 것을 찾았습니다. 그러면 이 문단의 존재 이유를 생각해볼까요? 이 문단은 '공룡 발자국 화석에 대한 정보'를 전달하는 문단입니다. 그런데 좀 세부적으로 생각해보죠. 공룡 발자국 화석에 대한 '어떤' 정보인지요. 이런 정도의 사고 과정을 통해서 찾아낼 수 있을 겁니다.

①은 우리나라 남해안 일대에 공룡 발자국 화석이 발견되었다는 내용이군. ②는 이 화석들이 공룡의 특성을 밝히는 실마리라는 내용이 드러나고 있어. ③은 공룡 발자국 연구를 어떻게 한다는 공룡 발자국 연구 방법에 대한 얘기가 드러나는군. 그러면 이 문단의 존재 이유를 생각해보자. 남해안 일대에 공룡 발자국이 많다는 정보를 전달하는 건가? 그건 아닌 것 같아. ①은 중심 문장이 아니고. 그러면 공룡 특성을 밝히

는 데 공룡 발자국 화석이 중요하다는 정보를 전달하는 건가? 음… 그래! 중요하니까 연구를 하는 거고 그 연구 방법을 설명한 게 ③이었지? ③은 ②보다 정보가 더 세부적으로 잘 정리되어 있구나. 아, 그럼 이 문단은 공룡 발자국 연구를 어떻게 하는지에 대한 정보를 전달하려는 문단이군. ③을 통해서 ④를 확인하는 거니까 이 둘은 모두 연구 방법에 대한 설명이고 그러면 이 두 문장이 중심 문장이군.

여러분의 사고 과정이 꼭 이것과 동일할 필요는 없습니다. 문단의 존재 이유를 생각하면서 중심 문장을 찾는 사고 과정을 보여주고 싶었을 뿐이지 모범 답안을 제시한 것이 아닙니다. 다만 동일하지 않더라도 꼭 사고 과정을 거친 후에 중심 문장을 찾아보라는 것만은 강조하고 싶습니다. ('뭐 대충 이거 아니겠어?'라는 식의 중심 문장 찾기는 의미가 없습니다. 국어 공부는 언어적 감을 키우기 위한 연습을 하는 과목이 아닙니다. 정확한 사고 과정을 거쳐서 나름의 근거를 생각해서 결론을 내리는 연습을 하세요.) 두 번째 문단도 볼까요?

(2) ① 우선 공룡 발자국의 형태로부터 공룡의 종류를 알아낸다. ② 남해안 일대에서 발견된 공룡 발자국은 초식 공룡인 용각류와 조각류, 육식 공룡인 수각류의 것으로 대별된다. ③ 용각류의 발자국은 타원형이나 원형에 가까우며 앞발이 뒷발보다 작고 그 모양도 조금 다르다. 이들은 대체로 4족 보행렬을 나타낸다. ④ 조각류의 발자국은 세 개의 뭉툭한 발가락이 앞으로 향해 있고 발뒤꿈치는 완만한 곡선을 이룬다. ⑤ 이들은 대개 규칙적인 2족 보행렬을 보인다. ⑥ 수각류의 발자국은 날카로운 발톱이 달린 세 개의 발가락과 좁고 뾰족한 발뒤꿈치를 보인다. ⑦ 조각류처럼 2족 보행렬을 나타내지만 발자국의 길이가 발자국의 폭보다 더 길다는 점이 조각류와 다르다.

두 번째 문단은 앞에 제시된 '공룡 발자국 연구 방법'을 구체적으로 설명하기 위한 문단입니다. ①에서 공룡 발자국 연구의 그 첫 번째 방법 즉 공룡 발자국 형태로부터 공룡의 종류를 알아내는 방법을 설명하고 있네요. 따라서 이 문단에서의 중요한 문장은 ①입니다. ②~⑦은 어려운 용어가 많지만 ①의 정보에 대한 구체적인 설명일 뿐이네요.

(3) ① 다음으로 공룡 발자국의 길이로부터 공룡의 크기를 추정할 수 있다. ② '발자국의 길이(FL)'에 4를 곱해 '지면으로부터 골반까지의 높이(h)'를 구하여[h=4FL], 그 크기를 짐작할 수 있다. ③ 4족 보행 공룡의 경우에는 일반적으로 뒷발자국의 길이를 기준으로 한다. ④ 단, h와 FL의 비율은 공룡의 성장 단계나 종류에 따라 약간씩 다르게 적용된다.

세 번째 문단도 역시 '공룡 발자국 연구 방법'을 구체적으로 설명하는 문단이네요. 이번에도 두 번째 공룡 발자국 연구 방법의 정보가 담긴 ①이 가장 중요하네요. 나머지 문장은 모두 ①을 구체적으로 설명하는 부연의 역할을 합니다.

(4) ① 또한 '보폭 거리(SL)'는 보행 상태를 추정하는 기준으로 사용된다. ② 여기서 SL은 공룡의 크기에 따라 달라지기 때문에 SL을 h로 나눈 '상대적 보폭 거리[SL/h]'를 사용한다. ③ 학자들은 SL/h의 값이 2.0 미만이면 보통 걸음, 2.0 이상 2.9 이하이면 빠른 걸음이었을 것으로, 2.9를 초과하면 달렸을 것으로 추정하고 있다.

네 번째 문단도 같은 이유로 ①이 가장 중요하다고 볼 수 있겠습니다.

(5) ① 남해안 일대에서는 공룡 발자국 외에도 공룡의 뼈나 이빨, 다른 동식물의 화석 등도 발견된다. ② 공룡 발자국과 함께 발견되는 물결 자국이나 건열 등의 퇴적 구조를 분석하여 발자국이 만들어진 당시의 기후나 환경을 짐작할 수 있다.

마지막 문단은 약간 생각이 필요할 듯합니다. 문장이 두 개밖에 없기 때문에 둘 중에 하나가 뭐가 중요할 지 생각해 봐야겠네요. 사고 과정을 풀어 보겠습니다.

①은 남해안 일대에서 뭔가가 발견된다는 내용이고 ②는 공룡 발자국이랑 함께 발견되는 것들로 무언가를 추정한다는 내용이군. 이 문단의 존재 이유를 생각해보자. 지

금까지는 발자국으로 무언가를 추정했다는 내용으로 이어져왔는데… 아, 그럼 이 문단은 발자국이랑 같이 발견되는 것들로 무언가를 추정한다는 정보를 전달하기 위한 것이군. 그럼 남해안에 다른 화석이 발견됐다는 정보가 담긴 ①보다는 ②가 더 중요하겠어.

이 정도의 사고 과정을 거쳐 두 번째 문장에 줄을 그었다면 여러분은 이미 비문학 마스터!

*실행 단계3) 문단의 제목 달기

이 단계는 중심 문장을 요약해서 추상적인 단어로 표현해야하는 것이기 때문에 처음 접하는 학생들이 어려워하는 단계입니다. 그런데 겁먹을 필요는 없어요. 지금부터 소개하는 방법으로 몇 번 하다보면 금방 적용할 수 있습니다. 이 단계를 마스터하면 언어적 사고력이 신장되었다는 느낌을 강하게 받을 수 있습니다. (실제 학생들이 그러더군요. "선생님, 제가 똑똑해진 것 같아요." 시크하게 축하한다고 말해줬습니다.)

일단 문단의 제목의 원칙은 다음과 같습니다.

> 1. '핵심어+정보'의 형태로 단다.
> 2. 정보는 되도록 추상적인 단어로 짧게 단다.

처음 이 단계를 설명하면 대부분 학생들이 중심 문장을 그대로 옮겨오거나 중심 문장을 요약합니다. 예를 들면, '공룡발자국 연구에서는 ~ ~ 측정한다.'라고 말이죠. 이런 것은 지양합니다. 이 훈련의 핵심은 글의 구조를 파악하는 것입니다. 제목만 보고도 한 눈에 구조를 파악할 수 있어야 합니다. 그런데 이런 식으로 제목을 달면 글의 구조를 한 눈에 파악하기 어려워요. 그러니까 원칙에 맞추어 제목을 달아봅니다. 예를 들어보죠.

첫 번째 문단의 핵심어는 '공룡 발자국 화석'이였습니다. 그리고 거기에 담긴 정보는 '공룡 발자국 연구에서는 발자국의 형태를 관찰하고, 발자국의 길이와 폭, 보폭 거리를 측정한다. 이렇게 수집한 정보를 분석하여 공룡의 종류, 크기, 보행 상태 등을 알아낸다.'였죠. 이 2문장을 추상적인 단어로 대체하면 4음절로 정리할 수 있습니다. '연구 방법'이라는 단어를 쓰면 되죠.

여기서 잠깐! 추상적인 단어의 개념

추상적인 단어의 개념을 짚고 넘어가도록 하죠. (물론 '뭐—질문법'을 이미 시작한 학생도 있을 거라고 믿지만 아직 '뭐—질문법'에 익숙하지 않은 학생이라면 그냥 넘어갈 것 같아서 설명합니다. 노파심은 선생님들의 직업병이죠.) '추상적인'의 반대말은 '구체적인'입니다. '구체적'의 사전적 의미는 '실제적이고 세밀한 부분까지 담고 있는 것'입니다. 그러면 '추상적'은 실제적이지 않고 세밀하지 않은 즉, 포괄적이고 일반적인 단어라는 뜻이겠지요. (실제로 '추상적'의 사전적 의미는 '구체성이 없이 사실이나 현실에서 떨어져 막연하고 일반적인 것'이랍니다.) 예에서 첫 번째 문단의 ③, ④문장은 구체적인 정보입니다. 즉 세밀한 정보이지요. 그것을 추상적인 단어로 표현해보라는 것은 그 세밀한 정보를 일반적이고 포괄적인 단어를 써서 표현해보라는 말입니다. 이제 약간 감이 올 겁니다.

중심 문장을 근거로 봤을 때, 두 번째 문단은 '공룡 발자국 연구 방법'을 구체적으로 제시하는 문단이었는데 문제는 세 번째 문단도, 네 번째 문단도, 심지어 다섯 번째 문단도 모두 '공룡 발자국 연구 방법'을 구체적으로 제시하는 내용이었습니다. 그러면 제목을 이런 식으로 달면 되겠죠.

1문단) 공룡 발자국의 중요성과 연구 방법
2문단) 공룡 발자국 연구의 구체적 방법①
3문단) 공룡 발자국 연구의 구체적 방법②
4문단) 공룡 발자국 연구의 구체적 방법③
5문단) 공룡 발자국 연구의 구체적 방법④

간단하죠? 너무 간단해서 섭섭하다면 제목 뒤에 소제목을 달아줄 수도 있습니다. 핵심어를 사용하면 되겠네요.

1문단) 공룡 발자국의 중요성과 연구 방법
2문단) 공룡 발자국 연구 방법①-발자국 형태로 공룡의 종류 파악
3문단) 공룡 발자국 연구 방법②-발자국 길이로 공룡의 크기 파악
4문단) 공룡 발자국 연구 방법③-보폭 거리로 공룡의 보행 상태 파악
5문단) 공룡 발자국 연구 방법④-공룡발자국 이외의 것으로 기후나 환경 파악

그럼 이 글의 구조를 쉽게 파악할 수 있습니다.

아, 첫 번째 문단에서 글의 핵심 정보를 소개하고 두 번째 문단부터는 구체적인 설명을 하는 글이구나. 그럼 출제자는 구체적인 정보를 물어보겠네.

이 정도의 비교를 할 수 있게 되는 것이지요, 간단하죠?

처음 제목 달기를 하면 중심 내용을 포괄하는 추상적인 단어를 찾는데 많은 어려움을 겪습니다. 그래서 제목에서 일반적으로 많이 쓰이는 단어를 제시합니다. 단, 여기에서 벗어나는 경우도 많이 있으니 적절한 단어를 찾아보는 훈련을 많이 해보길 바랍니다.

정의, 특성, 과정, 종류, 의의, 과제, 문제제기, 조건, 원인, 결과, 중요성, 전망 등

이 단계는 단순히 구조를 쉽게 확인하는 것만을 목적으로 하는 것은 아닙니다. 앞에서 어휘력이 뛰어나다는 것은 단순히 사전적인 의미만 아는 게 아니라는 얘기를 했었죠. 문맥적 의미를 파악하는 것도 어휘력이고 단어 간의 관계(반의, 다의, 동의, 상위, 하위 등)를 파악하는 것도 넓게 봐서는 모두 어휘력 영역에 속합니다. 따라서 구체적인 내용을 포괄적인 단어로 요약하는 이 단계를 통해 어휘력도 기를 수 있습니다.

*실행 단계4) 주제 쓰기

주제는 '중심 화제'+'정보'의 형태로 씁니다. 정보가 하나라면 그대로 쓰면 되고 많다면 그대로 나열해서 쓰거나 그 정보를 포괄할 수 있는 추상적인 단어를 사용해서 씁니다. 앞의 글에서는 당연히 '공룡 발자국 연구 방법'이 주제가 되겠지요.

*실행 단계5) 해답지와 비교하기

이제 해답지를 폅니다. 기출문제집의 해답지에는 문제에 대한 설명뿐만 아니라 지문에 대한 설명도 되어 있을 겁니다. 해답지에 달린 제목과 자신이 단 제목을 비교합니다. 그리고 만약 다르다면 그냥 빨간펜 들어서 해답지 보고 고치지 말고(이거 정말 중요합니다. 제발 생각하지 않고 해답지보고 고치지 마세요. 사고력 신장에 전혀 도움이 되지 않습니다.) 이런 식의 사고 과정을 거쳐서 비판적으로 바라봅니다.

해답지에는 이 글 전체에서 A와 B가 중요한 정보라고 하는군. 나는 B는 중요한 정보라고 생각하지 않았는데 왜 그랬지. 음… 두 번째 문단에 B에 대한 설명이 너무 없었기 때문이었어. 내가 네 번째 문단에 B에 대한 설명이 있는 걸 놓쳤군.

이렇게 반성해볼 수도 있겠죠. 또 이런 경우도 있을 수 있습니다.

해답지에는 문단 제목을 C라고 했는데 나는 D라고 했어. 전체적인 글의 '구조'를 파악하는 데 뭐가 더 잘 단 제목이라고 볼 수 있을까? 해답지보다 내가 달아둔 제목이 훨씬 '구조'를 파악하는 데 도움이 된다고 볼 수 있겠는데?

해답지보다 여러분이 더 적합하게 제목을 달았을 수도 있습니다. 왜냐하면 대부분의 해답지는 보통 문단을 요약한 내용인데 반해 본인은 글의 구조를 파악하기 위한 제목을 달았으니까 말이죠. 이렇게 비판적으로 사고해야 글의 구조를 파악하는 눈이 정확해집니다.

※

이제 다른 지문으로 예를 하나 들어 보겠습니다. 이번에는 실행 단계1부터 4까지 이어서 사고하는 과정을 그려보도록 하지요.

2015학년도 수능 기출문제입니다. 상당히 어려운 지문으로 2015학년도 국어영역의 난이도를 쥐락펴락했던 지문이지요. 같이 한 번 살펴봅시다.

역사가 신채호는 역사를 아(我)와 비아(非我)의 투쟁 과정이라고 정의한 바 있다. 그가 무장투쟁의 필요성을 역설한 독립운동가이기도 했다는 사실 때문에, 그의 이러한 생각은 그를 투쟁만을 강조한 강경론자처럼 비춰지게 하곤 한다. 하지만 그는 식민지 민중과 제국주의 국가에서 제국주의를 반대하는 민중 간의 연대를 지향하기도 했다. 그의 사상에서 투쟁과 연대는 모순되지 않는 요소였던 것이다. 이를 바르게 이해하기 위해서는 그의 사상의 핵심 개념인 '아'를 정확하게 이해할 필요가 있다.

신채호의 사상에서 아란 자기 본위에서 자신을 자각하는 주체인 동시에 항상 나와 상대하고 있는 존재인 비아와 마주 선 주체를 의미한다. 자신을 자각하는 누구나 아가 될 수 있다는 상대성을 지니면서 또한 비아와의 관계 속에서 비로소 아가 생성된다는 상대성도 지닌다. 신채호는 조선 민족의 생존과 발전의 길을 모색하기 위해 "조선 상고사"를 저술하여 아의 이러한 특성을 규정했다. 그는 아의 자성(自性), 곧 '나의 나됨'은 스스로의 고유성을 유지하려는 항성(恒性)과 환경의 변화에 대응하여 적응하려는 변성(變性)이라는 두 요소로 이루어져 있다고 하였다. 아는 항성을 통해 아 자신에 대해 자각하며, 변성을 통해 비아와의 관계 속에서 자기의식을 갖게 되는 것으로 설정하였다. 그리고 자성이 시대와 환경에 따라 변화한다고 하였다.

신채호는 아를 소아와 대아로 구별하였다. 그에 따르면, 소아는 개별화된 개인적 아이며, 대아는 국가와 사회 차원의 아이다. 소아는 자성은 갖지만 상속성(相續性)과 보편성(普遍性)을 갖지 못하는 반면, 대아는 자성을 갖고 상속성과 보편성을 가질 수 있다. 여기서 상속성이란 시간적 차원에서 아의 생명력이 지속되는 것을 뜻하며, 보편성이란 공간적 차원에서 아의 영향력이 파급되는 것을 뜻한다. 상속성과 보편성은 긴밀한 관계를 가지는데, 보편성의 확보를 통해 상속성이 실현되며 상속성의 유지를 통해 보편성이 실현된다. 대아가 자성을 자각한 이후, 항성과 변성의 조화를 통해 상속성과 보편성을 실현할 수 있다. 만약 대아의 항성이 크고 변성이 작으면 환경에 순응하지 못하여 멸절(滅絶)할 것이며, 항성이 작고 변성이 크면 환경에 주체적으로 대응하지 못하여 우월한 비아에게 정복당한다고 하였다.

이러한 아의 개념을 통해 우리는 투쟁과 연대에 관한 신채호의 인식을 정확히 이해할 수 있다. 일본의 제국주의 침략에 직면하여 그는 신국민이라는 새로운 개념을 제시하고 조선 민족이 신국민이 될 때 민족 생존이 가능하다고 보았다. 신국민은 상속성과 보편성을 지닌 대아로서, 역사적 주체 의식이라는 항성과 제국주의 국가에 대응하여 생긴 국가 정신이라는 변성을 갖춘 조선 민족의 근대적 대아에 해당한다. 또한 그는 일본을 중심으로 서구 열강에 대항하자는 동양주의에 반대했다. 동양주의는 비아인 일본이 아가 되어 동양을 통합하는 길이기에, 조선 민족인 아의 생존이 위협받는다고 보았기 때문이다.

식민 지배가 심화될수록 일본에 동화되는 세력이 증가하면서 신채호는 아 개념을 더욱 명료화할 필요가 있었다. 이에 그는 조선 민중을 아의 중심에 놓으면서, 아에도 일본에 동화된 '아 속의 비아'가 있고, 일본이라는 비아에도 아와 연대할 수 있는 '비아 속의 아'가 있음을 밝혔다. 민중은 비아에 동화된 자들을 제외한 조선 민족을 의미한 것이었다. 그는 조선 민중을, 민족 내부의 압제와 위선을 제거함으로써 참된 민족 생존과 번영을 달성할 수 있는 주체이자 제국주의 국가에서 제국주의를 반대하는 민중과의 연대를 통하여 부당한 폭력과 억압을 강제하는 제국주의에 함께 저항할 수 있는 주체로 보았다. 이러한 민중 연대를 통해 '인류로서 인류를 억압하지 않는' 자유를 지향했다.

*실행 단계1) 첫 번째 문단 보기

---

(1) ①역사가 신채호는 역사를 아(我)와 비아(非我)의 투쟁 과정이라고 정의한 바 있다. ②그가 무장투쟁의 필요성을 역설한 독립운동가이기도 했다는 사실 때문에, 그의 이러한 생각은 그를 투쟁만을 강조한 강경론자처럼 비춰지게 하곤 한다. ③하지만 그는 식민지 민중과 제국주의 국가에서 제국주의를 반대하는 민중 간의 연대를 지향하기도 했다. ④그의 사상에서 투쟁과 연대는 모순되지 않는 요소였던 것이다. ⑤이를 바르게 이해하기 위해서는 그의 사상의 핵심 개념 인 아를 정확하게 이해할 필요가 있다.

이제부터 사고 과정을 풀어볼 겁니다. 본문에 네모를 그리면서 보면 됩니다. 그리고 서로 대비되는 용어나 개념들도 표시해 가면서 읽으면 더 좋겠죠. 여기에서는 서로 대비되는 부분은 음영으로 표시해 두었습니다. (세모나 동그라미를 해도 상관없어요.)

먼저 핵심어를 찾아보자. 이 문단 자체가 신채호가 주장한 내용을 담고 있으니까 당연히 '신채호'는 중요하고, '아'라는 개념은 두 번 나오니까 중요한 것 같네. 그리고 '아'와 대비되는 '비아'도 당연히 중요하겠지. 연대와 투쟁도 서로 대비되는 것 같군. 자주 나오는 걸 보니까 중요한 것 같아.

결국 이 문단의 핵심어는 '신채호', '아', '비아', '연대', '투쟁'이 되는 거군. 이걸 바탕으로 정리해보자.

신채호가 역사를 아와 비아의 투쟁이라고 말했으니까 그가 투쟁만 강조할 것 같지만 의외로 연대도 중요하게 생각했다는 거잖아. 그리고 이것을 더 확실하게 이해하기 위해서는 '아'를 정확하게 이해해야하니까 이제부터 신채호의 '아'에 대해서 이야기할 거다 이거잖아. 결국 **이 문단의 존재 이유는 소개네. 뒷내용 소개.** 그러면 중요한 문장은 ⑤이고.

*실행 단계2) 문단마다 중심 문장에 밑줄 긋기

(2) ①신채호의 사상에서 아란 자기 본위에서 자신을 자각하는 주체인 동시에 항상 나와 상대하고 있는 존재인 비아와 마주 선 주체를 의미한다. ②자신을 자각하는 누구나 아가 될 수 있다는 상대성을 지니면서 또한 비아와의 관계 속에서 비로소 아가 생성된다는 상대성도 지닌다. ③신채호는 조선 민족의 생존과 발전의 길을 모색하기 위해 "조선 상고사"를 저술하여 아의 이러한 특성을 규정했다. ④그는 아의 자성(自性), 곧 '나의 나됨'은 스스로의 고유성을 유지하려는 항성(恒性)과 환경의 변화에 대응하여 적응하려는 변성(變性)이라는 두 요소로 이루어져 있다고 하였다. ⑤아는 항성을 통해 아 자신에 대해 자각하며, 변성을 통해 비아와의 관계 속에서 자기의식을 갖게 되는 것으로 설정하였다. ⑥그리고 자성이 시대와 환경에 따라 변화한다고 하였다.

첫 문단 마지막 줄에서 '아'를 잘 이해해야 한다고 했으니까 **이 문단의 존재 이유는 결국 '아'를 이해시키는 거겠지.** 그러니까 중요한 문장은 **'아'를 정의한** ①이겠지.

신채호가 설명한 '아'의 정의를 두 가지로 정리하는데 이들의 특징을 설명하기 위해 '상대성'이라는 말을 가져왔고 또 이 둘을 설명하기 위해 '자성'과 '항성', '변성'이라는 말을 가져온 거니까 ②부터는 '아'를 설명하기 위한 수단이 되겠어.

(3) ①신채호는 아를 소아와 대아로 구별하였다. ②그에 따르면, 소아는 개별화된 개인적 아이며, 대아는 국가와 사회 차원의 아이다. ③소아는 자성은 갖지만 상속성(相續性)과 보편성(普遍性)을 갖지 못하는 반면, 대아는 자성을 갖고 상속성과 보편성을 가질 수 있다. ④여기서 상속성이란 시간적 차원에서 아의 생명력이 지속되는 것을 뜻하며, 보편성이란 공간적 차원에서 아의 영향력이 파급되는 것을 뜻한다. ⑤상속성과 보편성은 긴밀한 관계를 가지는데, 보편성의 확보를 통해 상속성이 실현되며 상속성의 유지를 통해 보편성이 실현된다. ⑥대아가 자성을 자각한 이후, 항성과 변성의 조화를 통해 상속성과 보편성을 실현할 수 있다. ⑦만약 대아의 항성이 크고 변성이 작으면 환경에 순응하지 못하여 멸절(滅絕)할 것이며, 항성이 작고 변성이 크면 환경에 주체적으로 대응하지 못하여 우월한 비아에게 정복당한다고 하였다.

또 ①에서 신채호의 '아'에 대한 이야기하는 걸 보니 **이 문단의 존재 이유는 두 번째 문단과 같이 신채호의 '아'에 대한 정보를 제공하는 것이군.** 이번에는 **'아'의 종류를** 이야기하고 있어.

'아'의 종류인 '소아', '대아'를 설명하기 위해 상속성, 보편성, 항성, 변성이라는 용어가 나오는 걸보니 ②부터는 모두 첫 문장을 설명하기 위한 수단이야. 그런데 대비되는 단어가 엄청 많이 나오는군. 꼼꼼하게 정리해둬야겠어.

(4) ①이러한 아의 개념을 통해 우리는 투쟁과 연대에 관한 신채호의 인식을 정확히 이해할 수 있다. ②일본의 제국주의 침략에 직면하여 그는 신국민이라는 새로운 개념을 제시하고 조선 민족이 신국민이 될 때 민족 생존이 가능하다고 보았다. ③신국민은 상속성과 보편성을 지닌 대아로서, 역사적 주체 의식이라는 항성과 제국주의 국가에 대응하여 생긴 국가 정신이라는 변성을 갖춘 조선 민족의 근대적 대아에 해당한다. ④또한 그는 일본을 중심으로 서구 열강에 대항하자는 동양주의에 반대했다. ⑤동양주의는 비아인 일본이 아가 되어 동양을 통합하는 길이기에, 조선 민족인 아의 생존이 위협받는다고 보았기 때문이다.

오, 첫 번째 문단에서 이야기했던 내용이 반복되는군. '아'를 이해하면 신채호의 '투쟁'

과 '연대'를 이해할 수 있다고 했는데 이제 본격적으로 시작하려하는군. 어쨌든 이 **문단의 존재 이유는 신채호의 '투쟁'과 '연대'에 대한 설명을 해주려는 거 아니겠어. 그**런 의미에서 ①이 가장 중요한 문장. 밑줄 쫙 긋자!

런데 아래를 읽어보니까 투쟁과 연대라는 단어가 나오지를 않는데? 그럼 그 다음 문단에서 자세하게 이야기해 주려나? 계속 읽어보자.

---

(5) ①식민 지배가 심화될수록 일본에 동화되는 세력이 증가하면서 신채호는 아 개념을 더욱 명료화할 필요가 있었다. ②이에 그는 조선 민중을 아의 중심에 놓으면서, 아에도 일본에 동화된 아 속의 비아가 있고, 일본이라는 비아에도 아와 연대할 수 있는 비아 속의 아'가 있음을 밝혔다. ③민중은 비아에 동화된 자들을 제외한 조선 민족을 의미한 것이었다. ④그는 조선 민중을, 민족 내부의 압제와 위선을 제거함으로써 참된 민족 생존과 번영을 달성할 수 있는 주체이자 제국주의 국가에서 제국주의를 반대하는 민중과의 연대를 통하여 부당한 폭력과 억압을 강제하는 제국주의에 함께 저항할 수 있는 주체로 보았다. ⑤이러한 민중 연대를 통해 '인류로서 인류를 억압하지 않는' 자유를 지향했다.

여기에서 신채호의 '연대'라는 말의 의미가 정확하게 드러나는군. **이 문단의 존재 이유는 역시 신채호의 '투쟁'과 '연대'에 대한 구체적인 정보를 제공하기 위한 것이라고 볼 수 있어.** 그런 의미에서 ⑤가 가장 중요한 문장이라고 볼 수 있겠지.

*실행 단계3) 문단의 제목 달기

그럼 중심 내용을 정리해볼까?

▷첫 번째 문단은 신채호가 역사를 아와 비아의 투쟁이라고 정의한 것을 바르게 이해하기 위해서는 '아'를 이해해야 한다고 했어. 그러면 '신채호의 '아'를 이해해야 하는 이유'라고 정리하면 되겠군.

▷두 번째 문단은 신채호의 '아'를 두 가지로 정의한 것이었어. 그러면 제목은 '신채호의 '아'의 정의'라고 하겠어.

▷세 번째 문단은 '아'를 '소아'와 '대아'로 구분할 수 있다고 했으니까 '신채호의 '아'의 분류'라고 하면 간단하군.

▷네 번째 문단은 '아'를 제대로 이해했으니 이제 투쟁과 연대에 관한 신채호의 역사 인식을 이해할 수 있다고 하면서 그 내용을 설명하고 있고 마지막 문단은 네 번째 문단과 이어지는 문단이니까 각각 '신채호의 투쟁과 연대①, ②' 정도로 하면 될 것 같아.

*실행 단계4) 주제 쓰기

결국 이 글은 역사를 '아'와 '비아'의 투쟁이라고 말했던 신채호의 역사 인식을 구체적으로 이해할 수 있도록 쓴 글이니까 '신채호의 역사 인식'이라고 정리하면 될 것 같아.

> 1문단) 신채호의 '아'를 이해해야 하는 이유
> 2문단) 신채호의 '아'의 정의
> 3문단) 신채호의 '아'의 분류
> 4문단) 신채호의 투쟁과 연대①
> 5문단) 신채호의 투쟁과 연대②
>
> 주제: 신채호의 역사 인식

그리고 해설지를 봅니다. 서로 비교해보는 것까지 하면 마무리됩니다. (아마 비슷할 겁니다.) 이 지문은 반복해서 나오는 단어들이 엄청 많았는데(본문에 반복된 단어를 표시한 부분이 다른 지문보다 월등히 많은 편이죠.) 학생들이 그 용어나 어휘들의 관계를 정확하게 정리하지 못해 상대적으로 어렵게 느꼈을 것입니다.

그래서 먼저 글의 구조를 확인하는 훈련을 해야 합니다. 그래야 수많은 용어 중에 어느 것이 중요한지 판단할 수 있는 힘을 기를 수 있고 그렇게 선별한 중요한 어휘나 개념을 바탕으로 글을 정리할 수 있는 능력도 생깁니다.

❊

처음에는 어렵고 시간이 많이 걸릴 것 같다는 생각을 할 수도 있을 듯합니다. 그런데 막상 해보면 그다지 시간이 많이 걸리지 않습니다. 지문의 난이도에 따라 다르지만 한 지문에 약 10분~20분 정도 소요될 겁니다. (단, 문제는 풀지 않습니다. 문제 풀이는 심화 훈련에서 합니다.) 이걸 매일 1개의 지문만 한다고 계산해도 한 달이면 30개의 지문을 볼 수 있습니다. 그리고 많은 학생에게 적용해 본 결과, 익숙해지면 생각보다 적확하게 제목을 다는 모습을 많이 봐왔습니다. (오히려 선생님보다 더 적확해서 놀란 경우도 많아요.) 이걸 두 달만 해보면 여러분의 비문학 독해력은 비약적으로 좋아질 뿐만 아니라 독해에 자신감이 붙은 자신의 모습을 보게 될 겁니다. 최종 목표는 100개입니다. (물론 여러분의 상황에 따라 다르겠지만) 100개의 지문을 앞의 방식으로 분석한 후에 심화 훈련을 진행합니다.

수능 기본 훈련
(독해력 강화)

문학

현대시

현대시는 학생들이 어려워하는 영역 중에 하나입니다. 어떻게 접근해야 할지 갈피를 잡지 못하는 학생도 많고 시만 보면 가슴이 답답하다는 학생도 있습니다. 때로는 작가의 의도야 어떻든 독자가 임의적으로 해석해도 되는 것이 시의 특징이 아니냐고 다소 원론적인 질문을 하는 학생도 있습니다. (이런 학생은 국어국문학과 가야합니다.) 일부는 맞습니다. 그런데 수능 시험의 특성상 출제자는 시를 잘 배웠느냐를 궁금해 하지 않습니다. 그리고 학생의 문학적 감수성과 독창적인 해석 능력을 측정하지도 않습니다. 출제자는 시를 통해서 단지 사고 능력과 이해 능력을 측정하고자 할 뿐입니다. 따라서 우리는 적어도 수능 시험에서 현대시를 대할 때는 다분히 주관적인 영역인 문학이 아니라 객관적인 측정 도구로 바라볼 필요가 있습니다.

사실 시를 독자가 임의적으로 해석해도 된다는 것이 성립되려면 전제가 필요합니다. 반드시 해석의 근거가 있어야 한다는 것이지요. 시인의 삶이든 시어이든, 당시의 사회상이든 간에 근거가 있어야 비로소 해석의 타당성이 인정됩니다. 따라서 우리가 시를 해석하기 위해서는 타당한 근거를 찾는 안목부터 길러야 합니다. 따라서 현대시 기본 학습의 첫 번째 목표를 다음과 같이 정합니다.

근거를 찾아서 해석하는 능력을 기른다.

그런데 타당한 근거를 찾아서 시를 해석하더라도 그것이 출제자가 해석한 것과 일치하지 않을 수도 있습니다. 왜냐하면 '타당하다'는 것은 '정확하다'는 것과는 다른 이야기이니까요. 정확한 해석은 한 가지만 존재하지만 타당한 해석은 다양하게 존재할 수 있습니다. 출제자는 본인이 해석한 것을 기준으로 문제를 출제합니다. 그러면 문제를 푸는 수험생 입장에서는 출제자의 기준과 동일한 기준으로 본문을 해석해야 정확하게 문제를 풀 수 있다는 말입니다. 대개 여기에서 문제가 발생하게 되지요. 출제자의 해석 기준과 수험생의 해석 기준이 다르면 문제가 풀리지 않습니다. 정답이 없거나 두 개 이상이 되어버려요. 그러면 재빨리 본인의 기준을 수정해서 또 다른 타당한 해석을 하는 유연한 사고력이 필요합니다. 그런 의미에서 현대시 기본 학습의 두 번째 목표를 다음으로 정합니다.

유연한 사고력을 기른다.

지금부터 이 두 가지의 목표를 이룰 수 있는 공부법을 소개합니다.

먼저 전제되어야 할 것이 있습니다. 여기에서 하는 모든 작업들은 '시적 대상'을 찾는 것을 목적으로 합니다. 정서나 태도 등을 아는 것은 덤이라고 생각하면 됩니다. (여기에 대해서는 나중에 또 이야기하게 될 겁니다.) 그럼 시작합니다.

현대시 기본 훈련의 실행 단계

실행 단계1) 제목 보기
실행 단계2) 시적 화자 찾기
실행 단계3) 시적 상황 찾기
실행 단계4) 시적 대상 속성이나 상태 파악하기
실행 단계5) 화자의 정서나 태도 파악하기
실행 단계6) 주제 정리하기
실행 단계7) 시 전체 해석하기기

*실행 단계1) 제목 보기

저도 시를 씁니다마는(시집 한 권 없는 처지에 시인이라 칭하기 부끄럽지만 설명을 위해서 어쩔 수 없이 밝힙니다.) 시를 쓸 때 가장 고민되는 것이 제목입니다. 어떻게 하면 시 내용을 돋보이게 할 수 있을까 고민하면서 제목을 달지요. 바꾸어 말하면 독자 입장에서 시 내용을 집약한 제목은 시 해석의 중요한 단서가 됩니다. (물론 크게 도움이 되지 않을 경우도 있습니다.) 일단 제목은 무조건 보고 시작합니다.

*실행 단계2) 시적 화자 찾기

문장에서 주어가 중요하듯 시에서는 화자(말하는 이)가 중요합니다. 시에서 화자는 작품 속에 있거나 아니면 작품 밖에 존재합니다. 화자가 작품 속에 존재하기 위해서는 '나'가 작품 내용 안에 드러나야 합니다. 만약 시 전체 내용에서 '나'가 없으면 화자는 작품 밖에 있는 것이 됩니다. 아무튼 화자는 무조건 있습니다. 간단하죠?

시적 화자

①작품 내용에 '나'가 있음→작품 속에 화자가 존재함.
②작품 내용에 '나'가 없음→작품 밖에 화자가 존재함.

*실행 단계3) 시적 상황으로 시적 대상 찾기

먼저 시적 상황의 정의를 다시 내릴 필요가 있습니다. 흔히 '상황'을 '상태'와 혼동해서 쓰는 경향이 있지요. 둘은 굉장히 비슷해서 같이 쓰이는 경우가 많은데요. 좀 명확하게 나누어서 정리하겠습니다. (일반적으로는 둘을 혼동해서 쓰는 것이 잘못된 것은 아닙니다. 다만 여기에서는 해석의 편의를 위해서 임의로 정해 놓자는 거지요.) 예를 들어보겠습니다.

'여자 친구와 이별한 진국이는 거울을 보며 눈물을 흘리고 있다.'라는 문장이 있습니다. 여기에서 진국이의 상황은 뭐냐고 물어보면 대부분의 학생은 '여자 친구와 이별했어요.'라고 대답합니다. 일반적으로도 틀린 말은 아니지만 이 책에서는 이걸 진국이의 '상태'라고 할 겁니다. 진국이의 '상황'은 '거울을 보며 눈물을 흘리고 있다.'고 할 겁니다.

둘 사이의 미묘한 차이를 이해하겠습니까? 정리해보죠.

상태: 화자(혹은 시적 대상)가 처해있는 처지
상황: 화자(혹은 시적 대상)가 하고 있는 행위

그러면 '시적 상황'을 찾기 위해서는 '화자(혹은 시적 대상)가 뭐하는가?'에 대한 대답을 찾으면 됩니다. 그리고 이 질문에 '화자가 어디에 있는가?'를 추가하면 화자의 '상태'를 덤으로 확인할 수도 있습니다. 그럼 최종적인 질문은 이렇게 됩니다.

"화자(혹은 시적 대상)는 어디서 뭐하는가?"

그리고 시에서 시적 상황은 다음 4가지 정도로 압축됩니다.

뭐하나Ⓐ: 화자(혹은 시적 대상)가 [어디]에서 [무언가]를 본다.
뭐하나Ⓑ: 화자(혹은 시적 대상)가 [어디]에서 [무언가]를 듣는다.
뭐하나Ⓒ: 화자(혹은 시적 대상)가 [어디]에서 [어떠, 어찌하다]라고 생각한다.
뭐하나Ⓓ: 화자(혹은 시적 대상)가 [어디]에서 [누군가]에게 [어떠, 어찌하다]라고 이야기한다.

물론 이 4가지 상황에서 벗어나는 경우도 있습니다. 하지만 일단 4가지 상황 중에 어디에 속하는지 꼭 먼저 확인한 후에 4가지 중에 어느 쪽도 속하지 않는 상황이라면 따로 정리합니다.

여기에서 '화자'가 있는 장소에 해당하는 '어디'는 화자의 상태를 확인할 수 있을 뿐만 아니라 시적 대상이 되기도 합니다. '무언가'에 해당하는 내용과 청자에 해당하는 '누군가'도 역시 시적 대상이 될 수 있지요. '어떠, 어찌하다'의 경우는 문장 형식으로 이루어져 있다는 측면에서 좀 다릅니다. 그러나 여기에서도 시적 대상을 찾을 수 있습니다. 대부분 주어나 목적어가 시적 대상이 됩니다.

이 단계의 존재 이유는 '시적 대상'을 찾기 위한 것입니다. 그리고 그 시적 대상의 속성을 확인해야 전체적인 시상이 그려지게 되죠. 시적 대상이 나오면 '네모' 표시를 합니다. 그럼 이제 시적 대상의 속성을 파악하는 단계로 진입합니다.

*실행 단계4) 시적 대상의 속성이나 상태 파악하기

시적 대상의 속성은 간단하게 '긍정'과 '부정'으로만 나눕니다. 이 판단은 '왜-질문법'을 통해 이끌어 냅니다. 시적 대상을 '긍정'이라 할 때 그 근거(이유)와 시적 대상을 '부정'이라고 판단할 때 그 근거(이유) 중 타당한 것을 골라 시적 대상의 속성이나 상태가 긍정인지 부정인지를 판단합니다. 그리고 그 근거는 첫째로 '시의 문맥(서술어나 수식어)', 둘째로 '상식(일반적인 생각)'을 기준으로 생각합니다.

이렇게만 분류해 두어도 시의 의미를 파악하는 데 도움을 받을 수 있습니다. '긍정'적인 시적 대상은 '동그라미', '부정'적인 시적 대상은 세모로 고칩니다. 때에 따라 '긍정', '부정'의 판단이 어려운 시적 대상도 있을 수 있습니다. 그런 경우에는 그냥 그대로 두고 판단을 보류해 둡니다. 나중에 다른 대상을 통해서 판단할 수도 있고 시 전체 맥락을 파악할 때 군이 필요하지 않은 대상일 수도 있으니까요.

　　이 책에서 자주 사용될 개념이니까 정리해 두도록 하겠습니다. 시적 대상의 속성의 긍정과 부정을 파악한다는 것은 말 그대로 대상 자체가 긍정인지 부정인지를 파악하는 것입니다. 예를 들어 '고향'이 가진 속성이 긍정인지 부정인지를 물으면 상식적으로(일반적인 생각으로) '긍정'이라고 이야기하는데, 이때 '고향은 긍정이다'라는 것은 '고향은 긍정의 이미지를 가지고 있다.'고 해석하면 되고 이 책에서는 이걸 '고향의 속성은 긍정이다.'라고 표현할 것입니다.

　　반면에 시적 대상의 상태가 긍정인지 부정인지를 파악하는 것은 시적 대상이 어떠한 처지에 놓여 있는지 파악하는 것을 의미합니다.(상태에 대한 설명은 98쪽을 참고해 주세요) 예컨대 잃어버린 '고향'이라고 한다면 '고향'의 긍정적인 '속성'은 변하지 않았지만 '고향'의 '상태'는 '부정'이 되는 것입니다.

시적 대상은 ☐

→ 시적 대상이 긍정일 때는 ☐에서 ◯로
→ 시적 대상이 부정일 때는 ☐에서 △로
→ 시적 대상이 긍정인지 부정인지 판단이 안 될 때는 그대로 ☐

*실행 단계5) 화자의 정서나 태도 파악하기

다음은 화자의 정서나 태도를 파악합니다.

'정서'란 화자가 느끼는 감정을 말합니다. '정서'를 파악한다는 것은 화자가 자신이 처해있는 '상태' 혹은 '시적 대상'과 관련된 화자의 감정을 파악한다는 것입니다. 크게 긍정과 부정으로 나눕니다. 다음의 표는 긍정적인 정서와 부정적인 정서를 세분화한 것인데 정서를 파악할 때 참고하기 바랍니다.

정서 ┌ 긍정적인 정서: 기쁨, 사랑, 소망, 그리움, 만족 등
　　　└ 부정적인 정서: 슬픔, 절망, 한, 안타까움, 체념, 고독 등

'태도'는 화자가 자신이 처해있는 '상태'에서 혹은 '시적 대상'에게 대처하는 방식이라고 할 수 있습니다. 역시 긍정과 부정으로 나눕니다. 다음의 표는 자주 나오는 태도를 긍정적 태도와 부정적 태도로 분류한 것입니다. 관조와 깨달음은 긍정도 부정도 아니기에 따로 분류하였습니다. 참고하세요.

> 긍정적 태도-반성, 비판, 대결(극복), 도피, 좌절 등
> 부정적 태도-일체(조화), 연민(위로), 추구, 예찬 등
> 긍정도 부정도 아닌 태도-관조, 깨달음 등

이 단계에서도 앞 단계와 같이 긍정과 부정의 판단은 '왜-질문법'을 통해서 이끌어 냅니다. 그러나 기준은 달라요. 여기에서 근거는 첫째로 화자(혹은 시적 대상)의 상황, 상태의 '긍정'과 '부정' 여부를 기준으로 하고 두 번째로는 서술어(더 구체적으로는 서술어의 어미)로 판단합니다. 마지막으로 정서나 태도는 변화할 수 있습니다. 그리고 그 변화 양상은 무조건 문제로 출제됩니다. 따라서 화자의 정서나 태도가 변화한다면 무조건 중요 체크!

> 기준1.
> 화자(혹은 시적 대상)의 상황이나 상태가 긍정→정서나 태도: '긍정' 가능성 높음
> 화자(혹은 시적 대상)의 상황이나 상태가 부정→정서나 태도: '부정' 혹은 '부정'에서
>   '긍정'으로 변화 가능성 높음
> 기준2.
> 명령형 어미, 청유형 어미→의지, 소망, 희망, 바람(긍정)
> 감탄형 어미→감탄, 예찬(긍정)

*실행 단계6) 주제 정리하기

마지막으로 주제를 정리합니다. 간단하게 정리할 수 있다면 정리하되 그게 어렵다면 지금까지 파악한 내용을 이어 붙여도 됩니다.

> 주제 정리하기
> : 화자+상황+정서 및 태도
> : 화자는 어디에서 무엇을 하면서 어떠한 정서를 가진다. (어떠한 태도를 취한다.)

*실행 단계7) 시 전체 해석하기

지금까지 단계를 거치고 나서 정리된 것을 바탕으로 시 전체를 쭉 해석해 보기 바랍니다. 그리고 나서 해답지에 작품에 대한 해설을 보고 자신의 해석과 비교해 봅니다.

이 접근법의 궁극적인 목적은 근거를 바탕으로 시를 해석하는 사고력을 익히는 것입니다. 6단계를 거치는 과정을 통해서 시적 대상을 긍정과 부정으로 나누는 기본적인 사고력을 길렀다면 그 결과물을 구체화하여 시 전체를 해석하는 '마무리 과정'을 통해 사고력을 구체화할 수 있는 힘을 기릅니다. 때로는 구체적인 해석이 어려운 시도 있습니다. 그런 경우도 할 수 있는 만큼은 최선을 다해 해석해 봅니다. 이런 어려운 시가 문제로 출제될 때는 〈보기〉를 통해 힌트를 줍니다만 그것 없이 최대한 생각해 보는 것이 기본 단계의 목적입니다. 어렵게 해석해 봐야 〈보기〉에 드러난 힌트의 고마움을 느낄 수 있고 그 고마움을 느껴봐야 문제를 꼼꼼하게 보는 습관을 기를 수 있습니다.

여기서 잠깐! 현대시 접근법에 대한 조언

이 접근법은 어디까지나 시에 접근하기 위한 수단입니다. 이 방법으로 모든 시를 해석할 수 있다는 교만한 생각으로 만든 것이 아닙니다. 이 접근법은 학생들이 시적 대상을 찾고 시에 드러난 타당한 근거를 통해 시적 대상의 특성을 분석할 수 있도록 만든 틀입니다. 다시 말하면 시를 해석하기 위한 사고력을 키우는 연습 도구에 지나지 않습니다. 따라서 이 접근법으로 모든 시를 분석한다는 것은 모순입니다. 특히 특정한 대상 혹은 행위에 대한 사유를 다루는 경우는 이런 방법으로 완벽하게 해석해 내기 어렵습니다. 하지만 이런 해석이 어려운 시에도 시적 대상은 분명히 존재합니다. 따라서 그 시적 대상의 특성을 바탕으로 시 전체 내용을 대략이나마 추측할 수 있게 되지요. 이 훈련을 잘 익혀놓았다면 접근하기 어려웠던 시도 대략적인 내용 정도는 읽어낼 수 있을 정도의 사고력을 가진 상태일 테니까요.

지금부터 '현대시 접근법'을 실제 시에 적용하는 예시를 보여드리겠습니다. 예를 통해 어느 정도 감이 잡히리라 믿습니다.

2015학년도 수능 B형 기출문제에서 지문을 가져왔습니다.

흙이 풀리는 내음새
강바람은
산짐승의 우는 소릴 불러
다 녹지 않은 얼음장 울멍울멍 떠내려간다.

진종일
나룻가에 서성거리다
행인의 손을 쥐면 따듯하리라.

고향 가차운 주막에 들러
누구와 함께 지난날의 꿈을 이야기하랴.
양귀비 끓여다 놓고
주인집 늙은이는 공연히 눈물지운다.

간간이 잰나비 우는 산기슭에는
아직도 무덤 속에 조상이 잠자고
설레는 바람이 가랑잎을 휩쓸어간다.

예제로* 떠도는 장꾼들이여!
상고(商賈)하며 오가는 길에
혹여나 보셨나이까.

전나무 우거진 마을
집집마다 누룩을 디디는 소리, 누룩이 뜨는 내음새……

－오장환, 「고향 앞에서」

*예제로 : 여기저기로.

---

*실행 단계1) 제목 보기

제목이 '고향 앞에서'입니다. 화자가 '고향 앞에' 있나봅니다. 시적 상황 찾기에서 화자가 어디에 있는지가 중요하다고 했었는데 제목에서 나왔습니다. 얼른 받아 챙깁니다.

*실행 단계2) 시적 화자 찾기

시에서 화자가 드러나는지 찾습니다. '나'를 찾으면 됩니다. 전체를 쭉 훑어봐도 '나'가 없습니다. 따라서 이 시의 화자는 작품 밖에 있다고 볼 수 있네요.

*실행 단계3, 4) 시적 상황으로 시적 대상 찾기 및 시적 대상의 속성이나 상태 파악하기

시적 상황은 일단 4가지 중에서 하나를 찾으라고 했습니다. 네 가지 상황을 다시 제시합니다. 시적 상황은 설명하는 방식으로 진행하고 시적 대상의 속성 파악하기는 사고 과정을 펼치는 형식으로 진행하도록 하겠습니다.

뭐하나Ⓐ: 화자(혹은 시적 대상)가 어디에서 무언가를 본다.
뭐하나Ⓑ: 화자(혹은 시적 대상)가 어디에서 무언가를 듣는다.
뭐하나Ⓒ: 화자(혹은 시적 대상)가 어디에서 어떠, 어찌하다라고 생각한다.
뭐하나Ⓓ: 화자(혹은 시적 대상)가 어디에서 누군가에게 어떠, 어찌하다라고 이야기한다.

1연에서 화자는 '산짐승의 우는 소리'를 듣습니다. 그리고 '다 녹지 않은 얼음장'이 '울멍울멍 떠내려가'는 것을 보고 있습니다. 시적 대상이 2가지(산짐승의 우는 소리, 얼음장) 나왔네요. 네모로 합니다. (4가지 상황이 아니므로 생략했습니다만 '냄새를 맡는다'도 상황입니다. 물론 여기에서는 '흙이 풀리는 내음새'가 시적 대상이 되겠지요.) 여기에서 사고 과정을 펼쳐보며 대상을 긍정과 부정으로 분류해 보겠습니다.

화자는 '산짐승의 우는 소리'는 듣고 있네. 그럼 '산짐승의 우는 소리'가 시적 대상이 되겠군. 그럼 이 대상이 긍정인지 부정인지 확인해야겠어. 상식적으로 우는 소리는 부정이잖아. 그럼 산짐승의 우는 소리는 세모. 다음, 화자는 '다 녹지 않은 얼음장이 떠내려가는 것'을 보고 있군. 그러면 '얼음장'이 시적 대상이군. 그런데 얼음장이 울멍 울멍 떠내려간다고 했지? 녹지도 않았고 '울멍울멍'이 우는 것 같기도 하니까 '얼음 장'도 세모.

> 흙이 풀리는 내음새 / 바람은 <u>산짐승의 우는 소리</u> 불러
> 다 녹지 않은 <u>얼음장</u> 울멍울멍 떠내려간다.

2연에서 화자는 나룻가를 서성거리고 있습니다. 그러면 화자는 '나룻가'에 있는 것이 되겠군요. 그리고 화자의 상황을 더 찾아보겠습니다. '행인의 손을 쥐면 따뜻할 거'라고 생각하고 있군요. 그럼 2연에서도 시적 대상은 '나룻가', '행인' 이 두 가지입니다. 네모하고 시작합니다.

화자는 '나룻가'에서 '행인의 손을 쥐면 따뜻할 거'라고 생각하고 있네. 그럼 나룻가는 긍정인가? 아까 제목에서 화자가 '고향 앞에' 있다고 했으니까 '나룻가'는 고향 앞에 있는 나룻가인가 보군. 고향이랑 관련되어 있으니까 일단 긍정이라고 해두자. 그리고 '행인'은 긍정인가? 행인의 손이 따뜻하니까 행인이 부정이면 이상하잖아. 그러니까 긍정.

> 진종일 / 나룻가에 서성거리다 / 행인의 손을 쥐면 따듯하리라.

3연에서 화자는 장소를 옮깁니다. '고향 가차운(가까운) 주막'에 있네요. 그러면서 '누구와 함께 지난날의 꿈을 이야기하랴'라고 생각합니다. 그러고는 주인집 늙은이를 봅니다. 시적 대상은 '고향 가차운 주막', '지난날의 꿈', '주 인집 늙은이' 이 세 가지입니다. 네모를 해야겠죠?

화자는 '고향 가까운 주막'에서 '누구와 함께 지난날의 꿈을 이야기하랴'라고 생각하

고 있어. '고향 가까운 주막'은 일단 고향이니까 좋은 게 아닐까? 그럼 일단 긍정. 그런데 지난날의 꿈을 이야기할 수 없다고 생각하는 걸 보니 화자의 상태는 그다지 좋지 않은 모양이군. 그리고 주인집 늙은이도 시적 대상이지. 그런데 주인집 늙은이가 울고 있잖아. 그럼 주인집 늙은이의 '상태'도 부정이군.

> 고향 가차운 주막에 들러 / 누구와 함께 지난날의 꿈을 이야기하랴.
> 양귀비 끓여다 놓고 / 주인집 늙은이는 공연히 눈물지운다.

4연에서 화자는 '산기슭'으로 시선을 돌립니다. 그리고 조상이 잠자고 있는 '무덤'을 보고 있나보네요. 그리고 설레는 바람에 휩쓸려가는 '가랑잎'을 봅니다. 화자가 어디 있는지는 확실하지 않습니다. 따라서 화자의 위치를 산기슭이라고 하든 주막이라고 하든 타당한 해석입니다. 아무튼 '고향 앞'에서 떠나지는 않은 것은 분명합니다. 시적 대상이 나왔네요. '산기슭', '무덤', '바람', '가랑잎' 모조리 네모입니다.

'산기슭'에 잰나비가 운다고 했지. 잰나비가 뭔지는 모르겠지만 울고 있으니까 산기슭은 부정이 아닐까? 일단 세모, 그리고 '무덤'은 죽음이니까 부정이겠지. 잠깐, 조상이 잠자고 있으니까 긍정일 수도 있겠는데? 일단 보류해두고, 가랑잎을 볼까? 휩쓸려가니까 부정인 것 같은데 '설레는' 바람에 휩쓸려간다고? 그럼 '바람'은 긍정인데, 그럼 긍정에 휩쓸려가는 거잖아? 그럼 '가랑잎'은 긍정이라고 보자.

> 간간이 잰나비 우는 산기슭에는 / 아직도 무덤 속에 조상이 잠자고
> 설레는 바람이 가랑잎을 휩쓸어 간다.

5연에서 화자는 '장꾼들'에게 이야기합니다. 오가는 길에 무언가를 봤냐고 물어보네요. 그리고 그 무언가가 좀 깁니다. '전나무 우거진 마을, 집집마다 누룩을 디디는 소리, 누룩이 뜨는 내음새'를 봤냐고 물어보네요. 시적 대상이 좀 많습니다. 모조리 네모입니다.

'전나무 우거진 마을, 집집마다 누룩을 디디는 소리, 누룩이 뜨는 내음새'는 향토적인 느낌이라서 상식적으로 긍정인데… 아! 화자가 고향 앞에 있었지? 그럼 이건 고향이 겠네. 그런데 '장꾼들'에게 '혹시 고향을 봤냐'고 물어보는 거잖아? 이상하네. 고향 앞에 있다고 했는데 왜 떠돌이 장꾼들한테 고향이 어디 있는지 물어보는 거지? 혹시 고향이 없어졌나? 아, 이렇게 생각하면 되겠네. 고향의 속성은 '긍정', 하지만 고향의 상태는 없어졌으니까 '부정'이네요.

> 예제로 떠도는 장꾼들이여! / 상고(商賈)하며 오가는 길에/ 혹여나 보셨나이까.
> 전나무 우거진 마을 / 집집마다 누룩을 디디는 소리, 누룩이 뜨는 내음새……

*실행 단계5) 화자의 정서 및 태도 파악하기

시적 상황과 대상을 잘 찾았기 때문에 정서를 파악하기는 그리 어렵지 않습니다. 화자는 '고향 앞'에서 없어져버린 '고향'을 찾고 있습니다. 따라서 화자의 정서가 '긍정'이기 어렵습니다. 정서는 '부정'이고 구체적으로는 '그리움' 정도가 될 듯합니다.

*실행 단계6) 주제 정리하기

만약 정석대로 정리한다면 이렇게 되겠습니다.

> 화자는 고향 앞에서 장꾼들에게 내 고향이 어디 있는지 물어보면서
> 고향을 그리워합니다.

하지만 이 시의 경우 이렇게 정석대로 하지 않아도 지금까지 정리한 내용을 바탕으로 비교적 쉽게 주제를 파악할 수 있을 것 같습니다. '고향에 대한 그리움'이 되겠네요.

*실행 단계7) 시 전체 해석하기

5단계를 거쳐서 정리한 내용을 바탕으로 시 전체를 한 번 해석해 보는 것

으로 마무리하면 됩니다. 사고 과정을 펼쳐 보겠습니다.

> 화자는 고향 앞에서 '흙이 풀리는 내음새'를 맡고 있군. 실제로 냄새를 맡는 건 아닌 것 같고, 아직 녹지 않은 얼음장이 떠내려가는 것을 보니까 '봄이 왔다.'는 정도의 정보가 파악되는데… 산짐승의 우는 소리가 들리는 걸 보니까 봄인데도 분위기가 그다지 좋아보이진 않는군.
>
> 주제를 파악하고 나니까 화자가 '나룻가'에서 '서성거리고' 있는 이유를 알겠어. 고향이 없어졌으니까 고향 근처 나룻가에 서성거릴 수밖에 없는 거였군. '고향의' 주막이 아니라 고향 '가까운' 주막이 나온 이유도 이제 알겠고. 그럼 행인은? 행인은 긍정이었으니까 화자와 알고 지내던 고향 사람이 아닐까? 고향이 없어졌는데도 고향 근처에 살고 있는 사람이 있을 수 있잖아. 주인집 늙은이가 우는 건 '지난날의 꿈을 이야기'할 수 없는 화자의 처지에 공감을 했거나, 주인집 늙은이도 고향 사람이었는데 고향을 떠날 수 없어 가까이에서 주막이라도 하며 살면서 고향을 그리워하는 것일 수 있겠군.
>
> 4연으로 가볼까? 산기슭에 있는 무덤에 조상이 잠자고 있어. 그래, 고향이 없어져도 근처 산에 조상의 묘는 그대로 있을 수 있으니까 무덤을 보고 화자가 가질 생각을 추측해보자. 뭐, '조상님! 그리워요.' 아니면 '조상님! 이 꼴을 보여드려 죄송해요.' 이런 거 아니겠어? 근데 '설레는 바람'이 문제야. '설레는'은 긍정인데 전체적인 분위기는 부정이니까 문맥상으로는 부정이란 말이야. '설레는 바람'이 해석이 안 된단 말이지. 일단 보류.
>
> 마지막 연은 장꾼들에게 우리 고향 봤냐는 걸 물어본 거니까 전체적으로는 이 시에서 가장 중요한 부분이라고 볼 수 있겠네. 끝. 아, 보람차다.

사고 과정에서 '설레는 바람'에 대한 해석을 어려워하고 있는 모습을 보였는데요. 여기에는 '해석을 보류해도 되는 시어'를 설명하기 위한 의도가 있어서 일부러 이렇게 구성했습니다.

시어 하나하나를 모조리 다 해석해야 시 전체를 해석할 수 있는 건 아닙니다. '현대시 접근법'의 궁극적인 목적은 시의 '대략적인' 내용을 파악하는 것이 목적이었던 거 기억하죠? 물론 주제를 파악하지 못할 만큼 많은 시어를 해석하지 못한다면 문제가 되긴 하겠지요. 그러나 시어 몇 개를 해석하지 못했다고 해서 주제를 파악하지 못하는 건 아닙니다. '현대시 접근법'에 따라 시의 대략적인 내용과 주제를 파악했는데 몇 가지 해석되지 않은 시어가 남아 있다고 칩시다. 그런데 이걸 다르게 생각해보면 그 시어가 없어도 전체적인 내용을 알아내는데 어려움이 없었다는 얘기 아닐까요? 그럼 그 시어는 시를 해석할 때 그다지 중요한 시어는 아니라는 이야기이지요. 시의 대략적인 내용과 주제를 파악했다면 일부는 보류해도 괜찮습니다. 그건 문제 풀이에서 충분히 힌트를 얻을 수 있기 때문입니다.

해석하지 못한 시어, 아니 해석을 '보류해도 되는' 시어의 두 번째 기준은 긍정과 부정을 판단하는 근거가 일치하지 않고 어느 쪽을 선택하든 타당하게 보일 경우입니다. 앞의 예에서 '설레는 바람'의 속성은 '상식'을 근거로 봤을 때는 '긍정'이지만 '문맥'을 기준으로 봤을 때는 '부정'입니다. 그런데 둘 다 비교적 타당해보이죠. 그러니까 해석이 잘 안 되는 건 당연한 걸 수 있습니다.

이 두 가지의 조건을 갖추었다면 일치되면 '해석을 보류해도 되는 시어'로 봐도 무방합니다. 다만 앞의 사고 과정의 예와 같이('설레는'은 긍정인데 전체적인 분위기는 부정이니까 문맥상으로는 부정이란 말이야. '설레는 바람'이 해석이 안 된단 말이지.) '왜 해석이 안 되는지에 대한 근거'도 생각해봐야 합니다. 그래야 문제에 드러난 출제자의 의도를 금방 파악할 수 있게 됩니다.

＊

이 모든 과정이 끝나면 해답지를 펼칩니다. 거기엔 작품에 대한 설명이 자세하게 풀어져 있을 겁니다. 그리고 각 연의 중심 내용까지 정리되어 있을 겁니다. 해답지의 내용과 여러분이 해석한 내용을 비교합니다. 해답지의 내용이 이해되지 않으면 '뭐, 왜-질문법'을 통해서 확실하게 이해하고 넘어갑니다.

하루에 1~2개의 작품을 이 단계를 적용해서 현대시 분석 노트에 차곡차곡 정리해둡니다. 그러면 현대시 기본 학습은 마무리됩니다.

'설레는 바람'을 이렇게 해석해 볼 수 있습니다. (정답은 아닙니다. 그냥 제 개인적인 해석이에요.) '무덤 속에 조상이 잠자는 산기슭'은 '고향'에 가까이 있는 뒷산 정도라고 생각할 수 있겠죠. '고향'을 그리워하는 화자가 고향 뒷산을 바라볼 때, 화자의 마음엔 분명 '설레는' 마음이 있지 않을까요? 게다가 그 뒤 5연에서 예전의 아름다웠던 고향 모습이 그려지고 있습니다. 그럼 '설레는 바람'은 고향을 앞에 둔 화자의 설레는 마음을 표현한 것일 수 있다고 생각할 수 있지 않을까요? 이 설레는 마음이 설렘의 근원인 고향이 없어진 현실과 만나면서 작품의 분위기가 더 비극적으로 느껴집니다. 그런 측면에서 본다면 '설레는 바람'이라는 긍정적인 시적 대상은 오히려 작품 전체의 비극성을 강화하는 역할을 한다고 볼 수도 있겠군요. 어떤가요? 이 해석 타당한가요?

사실 고등학교 수준에서 이 정도의 깊이 있는 해석은 지문만 보고는 어렵습니다. 만약 문제에서 이 정도의 해석을 물어본다면 〈보기〉 혹은 선택지로 힌트가 주어질 겁니다. 정 궁금하다면 모든 단계를 스스로 하고 나서 선생님에게 여쭤보는 것도 좋은 방법일 듯합니다.

현대소설

현대소설을 현대시만큼 아니 오히려 현대시보다 힘들어하는 학생들이 많습니다. 현대시에 비하면 현대소설은 비교적 많이 접하는 갈래인데도 불구하고 말이지요. (지금까지 교직 생활 중에 감명 깊게 읽은 책이 뭐냐는 질문에 시집이라고 대답하는 학생은 단 한 명도 보지 못했습니다.) 사실 현대소설 영역은 소설을 읽어 본 경험이 많은 학생이 유리한 것이 사실입니다. 그런데 앞에서 이야기했듯 많이 읽은 학생이 전혀 읽지 않은 학생보다 현대소설 영역을 잘할 수 있는 확률이 약간 높을 뿐, 많이 읽은 경험과 국어 성적이 무조건 비례하지는 않습니다. 따라서 여러분에게 소설을 많이 읽으라고 하진 않을 겁니다. 단지 여러분의 국어 공부를 위해 좋은 작품을 읽는 바른 방법을 제공할 뿐입니다.

여기에서 좋은 작품이란 기출문제의 '지문'을 의미합니다. 기출문제에 실린 정도의 작품은 작품성을 인정받은 훌륭한 작품이라고 볼 수 있습니다. 이 정도면 좋은 작품이지요. 하지만 유의해야 할 점이 있습니다. 기출문제에 실린 작품 내용 전체를 읽으라는 얘기는 아닙니다. 물론 모든 작품을 다 읽으면 좋겠습니다만 우리에게 그럴만한 시간이 없죠. (우울한 현실입니다.) 여러분이 고등학교 1~2학년 학생이면 흥미 있는 몇 작품을 골라 작품 전체를 읽는 것은 가능합니다. 그렇지만 그것은 '독서'를 목적으로 하는 글 읽기이지 '공부'를 목적으로 하는 독서가 아닙니다. 만약 여러분이 고등학교 3학생이라면 소설 작품을 읽는 것은 현실적으로 어려울 뿐만 아니라 소설 작품 내용 전체를 읽는 방법으로는 절대로 제시간에 성적을 올릴 수 없습니다.

바른 방법으로 읽으라는 것은 목적에 맞는 글 읽기방법으로 읽으라는 것입니다. 몇 년 전 판타지소설을 읽으면서 '어차피 이것도 독서니까 죄책감 없이 하자.'라고 생각하는 학생을 본 적이 있는데, 이 학생의 국어 성적은 형편없었습니다. 왜냐하면 이 학생은 흥미를 위한 글 읽기만을 해왔기 때문이었죠. 같은 소설 읽기라고 그 방법이 같은 건 아닙니다. 따라서 우리는 오로지 문제 풀이를 위한 글 읽기 방법을 적용해서 읽는 연습해야 하는 것입니다.

현대소설 지문에서 가장 중요한 개념은 '갈등'입니다.

소설에서 가장 중요한 개념은 무엇일까요? 너무 포괄적인 질문이라 허구, 시점, 갈등, 주제 등 여러 답이 나올 수 있을 듯합니다. 모두 맞습니다. 그런데 질문을 이렇게 바꾸면 답은 하나입니다. '현대소설 지문'에서 가장 중요한 개념은 무엇일까요? 이 질문의 대답은 두말 할 것 없이 '갈등'입니다. 소설에 갈등이 없다면 소설의 존재 이유는 사라진다는 이론적인 이유도 있지만 그것보다 더 중요한 이유는 문제 출세 방식에서 찾을 수 있습니다.

현대소설의 지문은 전체 내용에서 출제에 필요한 특정 부분만 발췌한 내용입니다. 그런데 출제를 하기 위해서는 갈등 양상이 꼭 필요하죠. 출제자 입장에서 갈등이 없는 부분을 발췌해 문제를 출제하라고 하는 것은 정말 막막한 일입니다. 따라서 출제를 위해 발췌되는 내용에는 갈등의 시작 부분이든, 전개되는 부분이든, 해결되는 부분이든 갈등 양상은 분명히 드러난다고 보면 됩니다. 이런 이유에서 현대소설 지문에서는 갈등이 가장 중요한 개념이 됩니다.

자, 이제 슬슬 기본 학습의 목표를 이야기할 때가 된 것 같습니다. 소설 구성의 3요소. 다들 기억나나요? 기억나겠지만 혹시나 해서 제시해 봅니다. (노파심은 교사의 직업병, 알죠?) 소설 구성의 3요소는 '인물, 사건, 배경'입니다. 이 3요소는 꼭 기억해주기 바랍니다. 이것들을 통해서 결국 소설에서 '갈등 양상'을 파악해야 하거든요. 지금까지 이야기를 정리해보면 현대소설 기본 학습의 목표가 됩니다.

소설 구성의 3요소(인물, 사건, 배경)를 통해서 갈등 양상을 파악합니다.

소설을 그다지 좋아하지 않는 제가 현대소설을 읽게 되는 것은 현대소설 지문 때문입니다. (직업이 직업인지라…) 여러분도 그렇지 않을까요? 소설을 좋아하든 싫어하든 그건 문제가 되지 않습니다. 필요하니까요. 그러니까 일단 친하게 지내야합니다. 누군가와 친해지려면 일단 그에게 접근을 해야 하겠죠? 그래서 현대소설에 접근하는 체계적인 방법을 소개합니다.

현대소설 기본 훈련의 실행 단계

실행 단계1) 제목 보기
실행 단계2) (인물) 인물에 동그라미 그리기
실행 단계3) (배경) 배경에 네모 그리기
실행 단계4) (사건) 인물 관계도 그리기
실행 단계5) (구성) 과거 내용에 꺽쇠(「」) 그리기
실행 단계6) 작품 줄거리 말해 보기

---

*실행 단계1) 제목 보기

현대시와 마찬가지로 제목을 먼저 봅니다. 제목을 먼저 보는 이유 역시 현대시와 비슷한데 작품의 전체 내용을 한 마디로 정리해서 제목을 만드는 일은 쉬운 일이 아닙니다. 그래서 작가는 작품을 써 놓고도 제목을 바꾸기도 하지요. 그렇게 공들여 만든 제목이 작품 해석에 도움 되는 것은 지극히 당연한 일이라 할 수 있겠지요.

*실행 단계2) 인물에 동그라미 그리기

이 단계는 소설 구성의 3요소 중 '인물'과 관련되어 있습니다. 사실 소설 읽기에서 가장 기본적인 단위는 인물부터 시작됩니다. 인물이 있어야 사건이 진행되니까요. 그러므로 현대소설의 지문은 인물을 찾는 연습부터 먼저 합니다. 본문에 등장하는 인물이라는 인물에는 모조리 동그라미, 같은 인물이라도 과감하게 동그라미 합니다. 대신 '나'가 드러나는지는 꼭 확인해야 합니다. 시점을 알 수 있는 중요한 단서가 되기 때문이죠. 그리고 '그', '그녀' 등과 같은 지시 대명사가 누구를 지칭하는지 알아두기 바랍니다. 그래야 사건을 파악할 때 헷갈리지 않거든요. 이 단계에서는 인물의 중요도는 따지지 않습니다. 그냥 인물이다 싶으면 동그라미 하세요.

*실행 단계3) 배경에 네모 그리기

소설 구성의 3요소 중 '배경'과 관련된 단계입니다. 흔히 독자들은 배경의 중요성을 간과하기 쉽습니다. 수험생들도 현대소설 지문에 드러난 배경을 무시하곤 하지요. 하지만 소설에서 배경은 중요한 역할을 합니다. 소설의 분위기를 형성해 주기도 하고 주제를 함축하고 있기도 하지요. 때때로 작가는 상징적인 배경 설정을 통해 작품을 좀 더 극적으로 만들기도 합니다.

일반적으로 배경은 시간적 배경과 공간적 배경 두 가지로 나뉩니다. 시간적 배경은 시간의 흐름에 따라 사건을 정리하는 데 도움을 줍니다. 시간적 배경 중 시대적 배경(한국 전쟁이나 일제 강점기)은 작품 전반적인 분위기와 주제를 파악할 때 결정적인 역할을 하지요. 공간적 배경의 중요성은 말할 것도 없습니다. 따라서 배경은 중요도를 따지지 말고 눈에 띄는 대로 무조건 네모를 하세요. 중요도는 나중에 판단하면 됩니다.

때로는 본문 내용에서 그다지 배경이 없을 때도 있을 겁니다. 그 이유는 지문의 내용은 작품의 일부분을 발췌해 온 것이라는 데서 찾을 수 있겠네요. 출제자가 작품에서 내용 중 어떤 부분을 발췌할까요? 출제자는 작품 내용 중 3~4문제를 출제할 수 있는가를 발췌의 기준으로 삼아 출제 가능한 부분만을 발췌합니다. 지문에 배경이 보이지 않는 것은 출제자가 그 지문을 발췌할 때 배경에 관련된 문제를 출제할 거라 생각하지 않았기 때문에 벌어진 현상이지요. 반대로 이야기하면 사건 전개상 중요한 배경이 있다면 반드시 그 내용은 출제됩니다. 출제자가 애초에 배경과 관련된 문제를 출제하기 위해 그 부분을 발췌했기 때문이지요. 따라서 지문에 배경이 없다면 굳이 표시하지 않아도 됩니다.

*실행 단계4) 인물 관계도 그리기

소설 구성의 3요소 중 '사건'에 관련된 단계입니다. 인물 관계도를 그리면 인물 사이에 관계를 확인할 수 있으니 중요한 인물(중심인물)과 그다지 중요하지 않은 인물(주변 인물)로 나눌 수 있게 되어 '인물'과 관련이 있어 보일 수도 있습니다.

하지만 이 단계에서 인물보다 중요한 건 '사건'입니다. 단순히 인물 관계를 정리하기보다는 인물과 인물 사이에 일어나는 사건을 꼼꼼하게 정리해두기 바랍니다. 그리고 그 두 인물 사이의 관계를 '긍정'과 '부정'으로 나누어두세요. 예를 들면 A와 B는 부자(아버지와 아들)관계인데 둘은 C라는 사건에서 다른 생각을 가지고 갈등한다면 둘 사이의 관계는 '부정'이겠죠. 물론 정리할 만한 사건이 본문 내용에 없을 경우도 있습니다. 이럴 경우에는 관계만 정리해둬도 되겠지요.

이후(실행 단계5)에는 완성된 '인물 관계도'만 보고 줄거리를 말하는 단계가 있습니다. 이 단계를 염두에 두고 꼼꼼하게 작성하는 것이 좋습니다.

*실행 단계5) 과거 내용에 꺾쇠(「 」) 그리기

인물 관계도를 그리다보면 과거와 현재가 뒤죽박죽이 되어 혼동이 오는 경우가 있습니다. 사람 사는 게 다 그렇듯이 과거에는 사이가 좋다가 현재에는 틀어지는 경우도 있고 그렇잖아요? 소설도 결국 사람 사는 이야기니까 당연히 그런 일이 벌어질 수 있지요. 따라서 소설 내용 중 과거와 관련된 내용이면 꺾쇠를 그려놓고 현재 벌어지는 이야기와 구분해 두고 이해해야 합니다.

이 단계는 소설 3요소 중 '구성'과 관련된 내용이므로 소설의 구성과 관련된 문제와 연결되는 경우가 많습니다. 뿐만 아니라 서사의 흐름이나 본문 내용에 대한 이해를 묻는 문제는 과거와 현재를 혼동해서 전체적인 내용 이해가 어려운 소설일 경우가 많습니다. 따라서 과거를 표시해 놓으면 지문의 전반적인 내용이나 서사의 흐름을 이해할 수 있어 이런 까다로운 문제도 맞힐 수 있게 됩니다.

여기서 잠깐! 실행 단계는 동시에 진행될 수도 있어요.

실행 5단계는 임의로 만든 단계이므로 여러분의 독해력에 따라 적용을 달리하면 됩니다. 각 단계가 다 끝나면 다음 단계로 넘어가는 식이 아니라 모든 단계를 동시에 진행할 수 있습니다. (인물에 동그라미를 치다가 그 문장 끝에 배경이 있으면 배경에 네모를 치고 다음에 나오는 인물에 다시 동그라미를 치는 식으로 말이죠.) 일단 한 번 읽고 동그라미와 네모, 꺾쇠를 다 그리면서 읽어진다면 그 방식대로 훈련하면 됩니다.

하지만 만약 그렇게 읽었는데 놓친 인물이나 배경이 너무 많거나 내용 이해가 어려운 학생들은 차근차근 단계별로 진행하기를 바랍니다. (1번에 1단계씩 진행하세요. 5단계니까 5번 읽어야합니다.)

*실행 단계6) 작품 줄거리 말해 보기

예전에 개그콘서트에 '토마스'라는 가상의 인물을 설정해서 이야기를 나누는 코너가 있었는데 연기자들이 토마스를 실존 인물처럼 대하다 보니 관객들도 마치 토마스가 있는 것처럼 대하게 되고 나중에는 연기자들이 허공에 대고 "토마스가 나왔습니다."라고 하는 말에도 마치 실제 토마스가 나온 것처럼 환호하기도 했던 기억이 있습니다. (정말 예전입니다. 지금 토마스는 뭘 하고 있을까요?)

여러분들도 토마스를 만들어야 합니다. 가상의 친구 토마스(꼭 토마스 아니라도 마음에 드는 이름을 붙여보세요. 좋아하는 연예인 이름이 괜찮더군요.)에게 정리되어 있는 인물 관계도만 참고해서 줄거리를 말해봅니다. (그러면 주위에서 이상한 시선이 쏟아지는 것을 느낄 수 있습니다.) 물론 옆에 친구가 있으면 그 친구에게 말을 해봐도 됩니다. 함께 스터디그룹을 만드는 것도 도움이 되겠네요. 이 단계를 통해서 지문 내용을 간략하게 이해하고 정리하는 데 도움을 받을 수 있습니다.

✳

현대소설 접근법도 시와 마찬가지로 어디까지나 소설에 접근하기 위한 수단에 불과합니다. 이 접근법을 통해서 현대소설 작품의 모든 것을 확인하리라는 교만한 생각으로 만든 것이 아니라 현대소설을 읽는 것을 막연해 하거나 어려워하는 학생에게 단계적으로 접근할 수 있도록 만든 장치입니다. 따라서 이 단계를 거친다고 해서 작품의 주제나 작품의 의의 등 작품의 전반적인 사항까지 모두 확인할 수는 없을 수도 있습니다. 특히나 문제의 지문을 통해서 작품 전체의 주제를 확인하는 것은 더욱 어려운 일입니다.

게다가 이 접근법을 통한 해석은 '절대주의적 관점'에 해당하는 작품 감상법입니다. 오로지 작품만을 통해서 감상하는 방법이지요. 그런데 작품 자체만 가지고 해석한 주제는 소설의 일부에 지나지 않습니다. 작품의 주제는 작가의 성향(표현론)이나 작품이 탄생할 때의 사회적 배경(반영론) 등 다양한 정보를 통해서 이끌어내는 것이기 때문이죠.

하지만 이 정도만 해석할 수 있는 능력이 있다면 문제를 풀 때 큰 무리는 없을 것입니다. 만약 정보가 더 필요하다면 문제에서 〈보기〉나 선택지를 통해 충분히 힌트를 줄 테니까 힌트를 참고해서 문제를 풀면 됩니다. 이 단계를 적용하는 훈련을 마치면 여러분은 어떤 소설 작품도 읽어낼 수 있으리라는 자신감과 유연한 사고력을 가진 상태일 것이기 때문에 힌트를 적용해서 작품을 읽어내는 것은 크게 어려운 일이 아닌 게 됩니다.

지금부터 '현대소설 접근법'을 적용하는 예시를 보여드립니다. 2015학년도 6월 모평 B형 기출문세에서 발췌한 지문입니다.

나는 미안스런 생각으로 건우 어머니가 따라 주는 술잔을 받았다. 손이 유달리 작아 보였다. 유달리 자그마한 손이 상일에 거칠어 있는 양이 보기에 더욱 안타까울 정도였다.

기어이 저녁까지 대접하겠다고 부엌으로 가 버린 뒤, 나는 건우를 앞에 두고 잔을 들면서, 그녀의 질찔한 인사범절에 새삼 생식뇌는 바가 있었다.

나는 모든 것을 다시 보았다. 농삿집치고는 유난히도 말끔한 마루청, 먼지를 뒤집어 쓰 고 있지 않은 장독대, 울타리 너머로 보이는 길찬 장다리꽃들…… 그 어느 것 하나에도 그녀의 손이 안 간 곳이 없으리라 싶었다. 이러한 집 안팎 광경들을 통해서 나는 건우 어머니가 꽤 부지런하고 친절한 여성이라는 것을 고대 짐작할 수가 있었다. 젊음이 한창인 열아홉부터 악지 세게 혼자서 살아왔다는 것과, 어려운 가운데서도 외아들 건우를 나룻배를 태워 가면서까지 먼 일류 중학에 보내고 있다는 사실, 그리고 농촌 아이라고는 믿어지지 않을 만큼 건우의 입성이 항시 깨끗했다는 사실들이 어련히 안 그러리 싶어지기도 했다. 얼핏 보아서는 어리무던한 여인 같기도 하지만 유난히 볼가진 듯한 이마라든가, 역시 건우처럼 질은 눈썹 같은 데선 그녀의 심상치 않을 의지랄까, 정열 같은 것을 읽을 수 가 있었다.

나는 술상을 물리고서, 건우의 공부방을 ─어머니의 방일 테지만─ 잠깐 들여다보았다. 사과 궤짝 같은 것에 종이를 발라 쓰는 책상 위에는 몇 권 안 되는 책들이 나란히 꽂혀 있었다. 그 가운데서 〈섬 얘기〉라고, 잉크로써 굵직하게 등마루에 씌어진 두툼한 책 한 권이 특별히 눈에 띄었다.

"섬 얘기? 저건 무슨 책이지?"

나는 건우를 돌아보고 물었다.

"암것도 아입니더."

"소설?"

"아입니더."

"어디 가져와 봐!"

건우는 싫어도 무가내라 뽑아 오면서,

"일기랑 또 책 같은 거 보고 적은 김더."

부끄러운 내색을 하였다.

"일기는 남의 비밀이니까 읽을 수가 없고, 어디 책 읽은 소감이나 돼 주게."

나는 책을 도로 돌렸다. 건우는 마지못해 여기저길 뒤적거리다가 한 군데를 펴 주었다. 또박또박 깨알같이 박아 쓴 글씨였다.

○○○ 여사는 어머니처럼 혼자 사시는 분이라 그런지 그분의 글에는 한결 감동되는 바가 있었다. '내가 본 국도' 속의 한 구절 - 그래도 선거 때가 되면 소속 육지에서 똑딱선을 가지고 섬 백성을 모시러 오는 알뜰한 정당이 있어, 이들은 다만, 그 배로 실려 가서 실상 자기네 실생활과는 무연한 정치를 위하여 지정해 주는 기호 밑에 도장을 찍어 주고 그 배에 실려 돌아온다는 것입니다.

〈중략〉

건우 할아버지와 윤춘삼 씨가 들려준 조마이섬 이야기는 언젠가 건우가 써냈던 〈섬 얘기〉에 몇 가지 기막히는 일화가 붙은 것이었다.

"우리 조마이섬 사람들은 지 땅이 없는 사람들이오. 와 처음부터 없기싸 없었겠소마는 죄다

뺏기고 말았지요. 옛적부터 이 고장 사람들이 젖줄같이 믿어 오던 낙동강 물이 맨들어 준 우리 조마이섬은……

건우 할아버지는 처음부터 개탄조로 나왔다. 선조로부터 물려받은 땅, 자기들 것이라고 믿어 오던 땅이 자기들이 겨우 철 들락말락할 무렵에 별안간 왜놈의 동척 명의로 둔갑을 했더란 것이었다.

"이완용이란 놈이 을사 보호 조약이란 걸 맨들어 낸 뒤라 카더만!"

윤춘삼 씨의 퉁방울 같은 눈에도 증오의 빛이 이글거리기 시작했다.

「1905년 -을사년 겨울, 일본 군대의 포위 속에서 맺어진 '을사 보호 조약'이란 매국 조약을 계기로, 소위 '조선 토지 사업'이란 것이 전국적으로 실시되던 일, 그리고 이태 후인 정미년에 가서는 "한국 정부는 시정 개선에 관하여 통감의 지도를 수할 사"란 치욕적인 조목으로 시작된 '한일 신협약'에 따라, 더욱 그 사업을 강행하고 역둔토(驛屯土)의 대부분과 삼림 원야(森林原野)들을 모조리 국유로 편입시키는 등 교묘한 구실과 방법으로써 농민으로부터 빼앗은 뒤, 다시 불하하는 형식으로 동척과 일인(日人) 수중에 옮겨 놓던 그 해괴망측한 처사들이 문득 내 머릿속에도 떠올랐다.」

"쥑일 놈들."

건우 할아버지는 그렇게 해서 다시 국회의원, 다음은 하천 부지의 매립 허가를 얻은 유력자……이런 식으로 소유자가 둔갑되어 간 사연들을 죽 들먹거리더니,

"이 꼴이 되고 보니 선조 때부터 둑을 맨들고 물과 싸워 가며 살아온 우리들은 대관절 우찌 되는기요?"

그의 껑껑한 목소리에는, 건우가 지각을 하고 꾸중을 듣던 날 "나릿배 통학생임더." 하던 때의, 그 무엇인가를 저주하듯 한 감정이 꿈틀거리고 있는 것 같았다. 얼마나 그들의 땅에 대한 원한이 컸던가를 가히 짐작할 수가 있었다.

– 김정한, 「모래톱 이야기」

* 동척: 일제 강점기 '동양 척식 주식회사'의 준말.
* 불하: 국가 또는 공공 단체의 재산을 개인에게 팔아넘기는 일

*실행 단계1) 제목 보기

작품 제목이 '모래톱 이야기'입니다. 모래와 관련된 것 같기도 한 '모래톱'에 대한 '이야기'가 담긴 소설인가 봅니다. 별 다른 정보가 없네요. 이 단계에서 확인할 수 있는 것은 여기까지입니다.

*실행 단계2) 인물에 동그라미 그리기

인물에 동그라미를 그리며 보도록 합시다. '나'라는 인물이 보이네요. 따라서 이 작품의 시점은 1인칭일 가능성이 높습니다. (이 작품이 액자식 구성일 수도 있으니까 1인칭 시점이라고 단언은 하지 마세요. 액자식 구성은 시점이 바뀌니까요.) '건우 어머니'와 '건우'가 보입니다. 〈중략〉 뒷부분으로 가볼까요. '건우 할아버지'와 '윤춘삼 씨'가 보입니다. 〈섬 얘기〉 속에 'OOO 여사', 건우 할아버지의 이야기 중의 '이완용', '국회의원', '유력자' 등도 보입니다. 모조리 동그라미 합니다. 인물의 중요도는 이 단계에서 고려할 대상은 아닙니다마는 이 작품에서는 중요한 인물이 어느 정도 보이네요.

*실행 단계3) 배경에 네모 그리기

배경을 찾아보도록 하죠. 일단 시간적 배경은 건우 할아버지 이야기 속에서 등장하는 '동척'이라는 단어나 '을사년', '일본 군대' 등을 통해서 '일제 강점기'라는 것을 확인할 수 있네요. 네모합시다. 공간적 배경은 〈중략〉 앞부분에서는 '부엌'과 '건우의 공부방'이 나오네요. 역시 네모합니다. 〈중략〉 뒷부분에서는 '조마이섬'이라는 배경이 나오네요.

*실행 단계4) 인물 관계도 그리기

사건을 중심으로 인물들 간의 관계를 그려봅니다. 인물 관계도를 그리면 중요한 인물과 그다지 중요한 인물을 걸러낼 수 있습니다. 동그라미 쳤던 인물 중에 '이완용', '국회의원', '유력자'는 주변 인물이네요. 나머지는 정리해둘 필요가 있습니다. 사건도 정리할 수 있습니다. 그리고 '나'에 대해서도 좀 더 자세히 정리할 수 있습니다. '나'의 역할을 유심히 보면 사건을 이끌어가는 주인공이라기보다는 조마이섬 주민들을 관찰하는 입장에 있다는 것을 알 수 있습니다. 따라서 이 소설의 시점은 1인칭 관찰자 시점이라는 결론이 나옵니다.

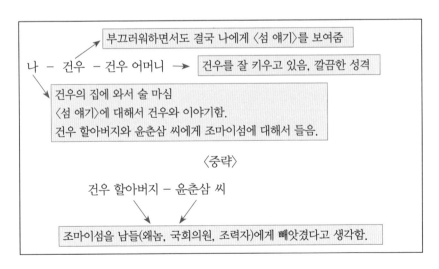

*실행 단계5) 과거 내용에 꺾쇠 그리기

〈중략〉 앞부분에는 딱히 과거 내용이 드러나지 않습니다만 뒷부분에서는 건우 할아버지의 입을 통해서 조마이섬의 내력과 관련된 이야기가 드러납니다. 과거 내용이지요. 따라서 이 부분(1905년~내 머릿속에도 떠올랐다.)은 꺾쇠를 합니다.

*실행 단계6) 작품 줄거리 말해 보기

이 단계는 가상의 인물에게 이야기하는 방식으로 전개하도록 하겠습니다. (토마스! 나와랏!)

"토마스. 내가 '모래톱 이야기'의 줄거리를 말해줄게. '나'는 건우의 집에 와서 건우 어머니에게 술상을 받아 마셨어. 집안 살림을 보니까 건우 어머니의 깔끔한 성격을 알 수 있었지. 그리고 건우 방에 가서 〈섬 얘기〉를 보여 달라고 조르지. 〈섬 얘기〉에는 부정선거랑 관련이 있는 내용이 담겨 있었어. 그리고 중략. 건우 할아버지랑 윤춘삼 씨가 나와. 그 둘은 '조마이섬'에 살고 있는데 일제 강점기부터 열심히 일궈 놓은 '조마이섬'을 다른 사람에게 뺏길 것 같아서 화가 많이 나 있어. 그러는 동안 '나'는 뭐했냐고? '나'는 감정이입하면서 열심히 들어주고 있었지."

모든 과정이 끝나고 나면 해답지를 펼쳐서 해설을 봅니다. 해답지에는 작품에 대한 설명이 있을 것이고 줄거리가 정리되어 있는 기출문제집도 있습니다. 여러분이 분석한 결과를 토대로 확인해보고 여러분이 파악한 줄거리가 맞는지도 확인해 봅니다. '뭐, 왜-질문법'을 통해서 이해할 내용은 이해를 하고 마무리하면 되겠습니다.

하루에 1~2개의 작품을 이 단계를 적용해서 현대소설 분석 노트에 차곡차곡 정리해 둡니다. 그러면 현대소설 기본 학습은 마무리됩니다.

고전시가

고전시가가 어려운 이유는 사실 별 것 없습니다. '말'이 어렵기 때문이지요. 예전보다 고어를 노출하는 경우는 줄었지만 여전히 학생들은 현대어와 다른 고어 표기를 어려워합니다. 그런데 자세히 보면 고어라는 게 생각보다는(!) 어렵지 않습니다. 물론 보고 있으면 모르는 것이 많아 갑갑한 면이 없진 않지만 그렇다고 해서 완전히 못 알아들을 정도는 아니라는 뜻입니다. 아니, 수능 시험에서는 못 알아들을 정도의 고어 표기는 노출하지 않는다는 것이 더 정확한 표현인 듯합니다.

수능 시험은 대학에서 수학(修學)할 수 있는 능력을 측정하는 목적이 있다고 했지요. 따라서 수능 시험에서 수험생이 못 알아들을 정도의 고어를 노출하는 것은 수능 시험 본래의 취지에 적합하지 않은 것이 됩니다. 그래서 고전시가의 고어 표기는 현대어를 쓰는 우리도 문맥적으로 알아들을 수 있는 정도로만 노출하게 됩니다. 따라서 고전시가의 첫 번째 목표는 이렇게 제시하도록 합니다.

고어 표기에 대한 두려움을 버린다.

고전시가를 어려워하는 이유 중 하나는 당시의 문화를 이해하지 못하기 때문일 경우가 많습니다. 문학이라는 것은 한 시대를 살아가는 사람들이 만들어낸 예술입니다. 따라서 문학은 그것이 만들어진 시대와 문화를 벗어나기 힘들지요. 고전시가가 쓰인 시대는 분명 지금의 시대와는 다릅니다. 고전시가가 쓰인 시대를 이해하는 것은 고전시가를 이해하는 가장 첫걸음이 됩니다.

예를 들어 조선시대에는 사대부들이 정권을 잡은 시기였습니다. 사대부의 철학적 배경은 성리학이었죠. 그럼 문학에는 성리학적 배경이 분명이 존재합니다. 따라서 임금에 대한 충성이라든가, 효와 같은 주제의 시가가 나오는 것입니다. 사대부들의 권력을 향한 야망은 한국사 시간이 많이 배웠을 것입니다. 그런데 권력욕은 성리학의 본분이 아니었습니다. 따라서 그들이 쓴 시가에서는 권력 즉 속세는 부정적인 것으로 그리고 그와 대비되는 자연을 긍정적으로 그리게 되는 것이지요. 그리고 성리학은 변화를 그리 좋아하지 않습니다. 제사나 차례, 장례를 치를 때의 복잡한 절차를 현재에도 유지하고 있잖아요. 따라서 그들이 사용하는 상징 역시 창의적이지 않습니다. 항상 정해져 있지요. 그런 공통적인 상징체계만 잘 이해해도 많은 작품을 읽어낼 수 있습니다.

이와 같은 이유로 고전시가의 두 번째 목표는 이렇게 잡습니다.

창작 당시의 문화를 이해한다.

이 두 가지 목표를 이루기 위해서는 일단 고전시가 작품을 많이 자주 접해 봐야합니다. 그래야 비로소 작품을 읽어낼 수 있어요. 고전시가는 일단 고어를 '읽을' 수만 있다면 현대시보다 훨씬 주제가 쉽게 파악됩니다. 다만 여기에서 여러분이 주의해야 할 것은 '이 작품이 시험에 나올 것이다.'라는 생각으로 참고서에 나와 있는 현대어 풀이와 행간주를 외울 듯이 봐서는 안 된다는 것입니다. 그럼 진도가 안 나가서 포기하게 됩니다. 그리고 이 훈련의 목적에도 어긋납니다. 이 훈련의 목적은 '고전시가를 읽는 능력을 기르는 것'입니다. 그래야 처음 본 작품도 읽어낼 수 있기 때문입니다. 그러므로 여기에서는 현대어를 바탕으로 고어의 문맥적 의미를 추출해서 읽는 능력을 기르는 훈련을 할 것입니다.

고전시가만 보면 주먹을 꽉 쥐고 몸을 부르르 떠는 학생들이 있습니다. 고전시가 증후군이라 불리는 병인데요. 고전시가만 보면 분노가 치밀어 오르는 증상과 더불어 눈앞이 막막해지는 증상을 동반합니다. 이 증후군 치료는 처방보다 환자의 의지가 중요하지요. 이제부터 제시하는 훈련 방법이 이 증후군 치료에 도움을 줄 수 있을 겁니다. 여러분은 의지만 가지고 따라 오면 됩니다.

고전시가의 경우 기출문제가 아닌 시중에 나와 있는 고전 문학 참고서를 준비합니다. 작품을 많이 봐야하므로 기출문제의 지문보다는 현대어 풀이와 행간주를 바로 참고할 수 있는 참고서가 적절합니다.

*실행 단계1) 제목 보기

현대시와 마찬가지로 제목을 먼저 봅니다. 제목이 없는 경우도 많고 해석이 되지 않는 경우도 많지만 예컨대 '어부사시사'라는 제목이 나오면 '어부'를 보고 "아, 주제는 자연 친화이겠군."이라고 생각할 수 있습니다. 가볍게 보고 넘어갑니다.

*실행 단계2) 소리 내어 읽기

일단 소리 내며 읽어봅니다. 크게 소리를 내라는 얘기는 아닙니다. (주위에서 몰려드는 이상한 눈빛을 즐긴다면 크게 소리 내서 읽어도 됩니다.) 그냥 중얼거리는 정도라도 읽어봅니다. 아마 참고서에 본문 내용 밑에 행간주가 달려있을 겁니다마는 이 단계에서는 되도록 행간주를 보지 않으려고 노력합니다. 현대어 풀이와 행간주는 3단계에서 볼 겁니다.

두류산頭流山 양단수兩端水를 녜 듯고 이제 보니,
도화桃花 쁜 묽은 물에 산영山影조차 잠겻셰라.
아희야, 무릉武陵이 어듸오, 나는 옌가 ᄒ노라.

—조식

여기서 **잠깐!**　　고어 읽는 법

'ㆍ'는 'ㅏ'라고 읽습니다. 그리고 'ㅼ'과 같은 어두자음군은 뒷소리의 된

소리로 읽습니다. (예를 들어 'ㅆ'은 'ㄸ'로 읽어요.)

입으로 읽다보면 생각보다 의미가 통하는 것이 있을 겁니다. 그걸 연습장이나 본문 옆에 적어봅니다.

> 두류산 양단수를 (녜?) 듣고 이제 보니
> 도화 뜬 맑은 물에 산영조차 잠겼어라.
> 아이야, 무릉이 어디요, 나는 (옌가?) 하노라.

실제로 학생들에게 시켜봤더니 거의 대부분 이 정도는 파악하더군요. 괄호에 있는 건 무슨 뜻인지 모르겠다고 했고 밑줄 그은 부분은 한자어라서 모르는 경우가 많았습니다. 그래도 처음보다는 보기 훨씬 낫지 않나요? 고전시가에 대한 두려움을 버리고 중얼거리며 읽는 것만으로 의미 파악에 큰 도움이 됩니다.

*실행 단계3) 아는 한자어 동원하기

이 작품에서 드러난 한자어를 나열해 보겠습니다.

> 두류산頭流山, 양단수兩端水, 도화桃花, 산영山影, 무릉武陵

여기에 알만한 한자어에 괄호를 쳐보면서 뜻을 유추할 겁니다. (뭐−질문법과 유사합니다.) 사고 과정을 펼쳐보죠.

①두류산(頭流山): 山은 알지. 뫼 산. 그럼 두류산은 '산'이름인가?
②양단수(兩端水): 水는 알지. 물이잖아. 그럼 양단수는 '물'일 가능성이 있겠네.
③도화(桃花): 花 정도는 알지. 꽃이지. 그럼 도화는 '꽃'이랑 관련있겠지.
④산영(山影): 뭐, '산'과 관련되어 있는 단어 아니겠어?
⑤무릉(武陵): 이건… 모르겠다.

그리고 다시 글을 읽어봅니다.

<u>두류산</u>(산이름) 양단수(물이름)를 (녜?) 듣고 이제 보니

<u>도화</u>(꽃이름) 뜬 맑은 물에 <u>산영</u>(산과 관련)조차 잠겼구라.

아이야, <u>무릉</u>(모르겠음)이 어디요, 나는 (옌가?) 하노라.

실행 단계4) 현대어 풀이 보기

이제 현대어 풀이를 봅니다. 그리고 자신이 생각한 것과 비교해 봅니다.

두류산頭流山 양단수兩端水를 녜 듯고 이제 보니,

<u>도화桃花</u> 쓴 맑은 물에 산영山影조차 잠겻세라.

<small>'이상향'을 상징</small>

아희야, <u>무릉武陵</u>이 어듸오, 나는 옌가 하노라.

<small>무릉도원, '이상향'을 상징</small>

현대어) 지리산 양단수를 옛날에 듣고 이제 보니

복숭아꽃이 뜬 맑은 물에 산 그림자까지 잠겨 있구나.

아이야, 무릉도원이 어디냐? 나는 여기인가 하노라.

두류산이 지리산이었네. 양단수는 현대어도 양단수인 걸 보니까 물 이름이 맞는가보다. '녜'는 '옛날에'라는 뜻이군. '녜'와 '예'가 비슷하긴 한데 옛날에는 '예'를 '녜'라고 썼나보네. 도화가 복숭아꽃이었어? 몰랐네. 그런데 행간주에 '이상향의 상징'이라고 쓰여 있는데, <u>왜 도화가 이상향의 상징이지? 선생님께 질문해야겠어.</u> 산영은 음… 산 그림자였군. '산영'에 '영'이 그림자라는 뜻인가 보군. '무릉'은 '무릉도원'이라고? <u>근데 '무릉도원'이 뭐지? 행간주에는 이상향이라고 쓰여 있는데.</u> 가만, '도화'가 이상향을 상징한다고 하지 않았나? 그럼 '무릉도원'의 '도'가 '도화'하고 관련 있는 건가? <u>이것도 질문거리.</u> '옌가'는 '여기인가'라는 말이군. 음, 뭔가 굉장히 줄어든 느낌이긴 하지만 묘하게 비슷하네.

밑줄 친 부분은 '뭐, 왜-질문법'입니다. 앞에서 했던 거 기억하죠? 행간주를 참고하되 행간주의 내용과 본문과의 연관성을 생각하는 습관을 가져야합니다.

앞에서 언급했듯이 고전의 상징은 어느 정도 정형화되어 있습니다. 이 작품에서 '도화'는 '이상향의 상징'이라고 했는데, 이 작품뿐만 아니라 다른 작품에서도 '도화'는 무조건 '이상향의 상징'입니다. 이런 정형화된 상징이 고전시가의 매력이자 일단 읽을 수만 있다면 고전시가가 오히려 쉽다고 이야기하는 이유입니다. 고전시가에 상징이 나오면 잘 이해하고 넘어가도록 합니다. (암기하려고 시간을 쓰지는 마세요. 자주 보면 자연스럽게 익숙해지니까요.)

*실행 단계5) 참고서 내용 읽어 보기

본문 내용 이외에 참고서에 실린 내용을 한 번 읽어보고 마무리합니다. 그리고 질문거리가 있었다면 선생님께 달려가서 질문합니다.

가사도 시조와 동일한 단계를 거쳐 진행합니다. 향가나 고려가요의 경우는 고어를 현대어로 고치는 작업이 시조나 가사처럼 쉽지 않을 겁니다. 그래도 일단 이 단계를 거쳐서 읽기 바랍니다. 힘들겠지만 작품 수 자체가 그리 많지 않으니 몇 번 돌려보면 현대어로 술술 읽을 수 있는 날이 옵니다.

글로 쭉 풀어놔서 그렇지 사실 이 단계를 진행하는 데는 그다지 많은 시간이 소요되지 않습니다. 게다가 고전에 사용되는 상징에 익숙해지면 더 시간이 단축될 테지요. 처음 시작하는 일주일이 정말 중요합니다. 계획대로 잘 해나가다 보면 어느새 고전시가 감상에 자신감이 생긴 여러분의 모습을 볼 수 있을 겁니다.

여기서 잠깐! 고전시가의 상징

고전시가에서 자주 사용되는 관습적 상징입니다. 꼭 알아두기 바랍니다.

고전시가 관습적 상징
· 자연: 긍정
· 속세: 부정

· 낚시하는 행위: 여유
· 술 마시는 행위: 여유
· 초가집, 나물, 탁주, 지팡이, 비옷, 탁주(흐린 술): 안빈낙도
· 도화(복숭아꽃): 무릉도원(이상향)
· 매화, 난, 국화, 대나무, 소나무: 지조와 절개
· 해, 달, 별: 임금 혹은 조물주
· 햇볕: 임금의 은혜, 선정
· 풀: 백성
· 백구(흰 갈매기), 학: 신선, 자연
· 구름, 비: 장애물, 간신
· 동풍, 매화, 세우(가랑비), 연하(안개와 노을): 봄
· 녹음, 녹양(푸른 버드나무): 여름
· 서리, 황운(가을의 논): 가을
· 눈: 겨울, 시련

고전소설

고전소설은 현대소설과 똑같은 방법으로 훈련합니다. 다만 현대소설과 달리 고전소설만이 가지는 특징이 있기에 그에 대한 내용으로 시작할까 합니다.

고전소설은 내용이 정해져 있다.

다양한 내용을 소재로 하는 현대소설의 내용상 분류는 짧은 시간에 글을 읽어내야 하는 수험생에게 큰 도움이 되지 못합니다. 이에 비해 고전소설은 내용이 다양성 측면에서는 아무래도 현대소설만 못하기 때문에 내용상 공통점이 있는 작품끼리 분류를 해 두고 공통점을 떠올리면서 읽으면 작품 이해에 많은 도움을 받을 수 있지요. 따라서 지금 제시하는 내용상의 분류와 그에 따른 내용상 특징을 잘 알아두고 고전소설 기본 훈련에 임하기 바랍니다.

고전소설의 내용상 분류
①애정소설   ②가정소설   ③영웅소설   ④군담소설   ⑤기타소설

①애정소설: 남녀 간의 사랑을 그린 소설을 '애정소설'이라고 합니다. 남자 주인공과 여자 주인공이 서로 사랑하고 이별하고 만나는 내용이면 애정소설이라고 생각하면 됩니다. 인물들이 쓴 시나 편지 등이 자주 등장하고(일종의 연애편지죠.) 둘 사이 사랑을 방해하는 인물(사랑의 훼방꾼!)이 등장합니다.

②가정소설: 가정에서 일어나는 갈등을 다룬 소설입니다. 주로 처와 첩의 갈등이 많죠. 처첩(妻妾) 갈등의 경우 보통 'O씨'라는 2명의 여성이 갈등을 하는데, 그중 한 명(처)은 가문이 좋고 착하고 괴롭힘을 당합니다. 나머지 한 명(첩)은 좋지 않은 가문에 성격이 나쁘며 처를 시기하고 괴롭힙니다. 남편은 가식적인 첩에게 속는 역할을 담당합니다. (남편은 바보!) 결말 부분에서 첩이 벌을 받고 해피엔딩으로 마무리됩니다. 굳이 처첩 갈등이 아닌 다른 종류의 갈등이라도 가정소설의 갈등 원인은 대부분 일부다처제입니다.

③영웅소설: 영웅소설의 주인공은 뛰어난 능력을 가지고 있습니다. 보통 비현실적 요소(하늘을 난다거나 예지력이 있다거나 하는 식으로 말이죠.)로 주인공의 능력을 강조하지요. 주인공은 지나치게 똑똑하거나 무술 실력이 특출해서 시기나 모함을 받기도 합니다. 하지만 주인공이 영웅인지라 시련은 무난히 이겨내고 해피엔딩이 됩니다.

④군담소설: 전쟁과 관련된 내용이 드러납니다. 주인공은 영웅인 경우가 많으므로 영웅소설의 특징도 함께 드러납니다. (싸움을 잘합니다. 주인공과 함께라면 백전백승!) 주인공과 대립하는 인물이 분명하게 드러나고 임금은 보통 무능력합니다. (도망만 다니죠. 임금은 바보!) 주인공은 대개 남성이지만 여성 영웅이 등장하는 경우도 있는데, 이럴 경우에는 여성이 남장을 하는 경우가 많습니다. 남장을 한 주인공은 여성일 때와 이름이 다르다는 걸 주의해야 합니다.

⑤기타: 기타 소설류는 앞의 네 가지 분류와 달리 내용과 구성상의 공통점이 적은 편이기 때문에 참고로만 알아둡니다. 기타 소설로는 판소리계 소설이 대표적입니다. 토끼전, 춘향전, 흥부전, 장끼전 등이 있습니다. 서동지

전, 배비장전과 같이 재판 과정을 다루는 송사소설도 있는데, 대부분 풍자의 기능을 합니다. 일반적인 고전소설에서는 다루지 않는 독특한 주인공을 내세운 광문자전과 같은 작품을 쓴 박지원의 소설과 같이 워낙 독특해서 내용상 분류가 불가능한 작품도 있습니다.

✳

내용상 공통점으로 분류를 했던 ①~④는 주인공과 반동 인물의 행위를 보면 대강 '아, ~소설이네.'라는 느낌을 받을 수 있지요. (이럴 때 저는 '안 봐도 비디오'라는 말을 자주 쓰는데요. '비디오'라는 말을 글로 쓰니까 되게 예스럽군요.) 그러나 ⑤의 경우는 다릅니다. ①~④와 달리 기타소설 속에 분류해 놓은 판소리계 소설이나 송사소설 등은 형식 상 특징이나 모티브 상의 공통점으로 묶어 놓은 명칭이므로 작품 간에 내용 상 공통점이 그다지 많은 편이 아닙니다. 따라서 ⑤에 해당하는 작품은 따로 공부를 해 두거나 작품을 읽을 때 ①~④보다는 비교적 꼼꼼하게 읽을 필요가 있습니다. (그래봐야 현대소설보다는 구성이 단순합니다.)

고전소설은 호칭이 중요하다.

고전소설은 현대소설에 비해 인물의 관계가 비교적 복잡한 편입니다. 그런데 등장인물들 간의 관계가 복잡하다기 보다는 가족 관계가 복잡합니다. (대가족의 위엄!) 가문을 중요시하던 당시의 문화를 생각해보면 당연한 결과가 아닐까 합니다. 짧은 지문에 등장하는 인물도 현대소설에 비해 비교적 많은 편입니다. 따라서 인물들 사이의 관계를 정리하면서 읽는 것이 중요합니다. 그런데 문제는 호칭입니다. A라는 동일 인물을 누가 부르냐에 따라 각각 다 다르게 불러서 헷갈리기도 하고, A가 양반일 경우 승진을 하게 되면 관직명이 달라 다른 인물로 착각하게 되기도 합니다. (아버지와 아들인 경우 성이 같아서 더 헷갈려요. 아버지는 최 상서, 아들은 최 원수. 가끔씩은 이름으로 부르기도 하고, 이러면 수험생은 읽어도 읽은 게 아닌 아노미 상태가 되는 거죠.) 인칭 대명사 역시 현대 국어보다는 훨씬 다양해서 정리를 해 두지 않으면 혼동을 일으키기 십상입니다.

고전소설에 등장하는 관직 및 호칭

	관직 및 호칭	1인칭 대명사	2인칭 대명사	3인칭 대명사
중국의 왕	황제, 천자	짐, 과인	폐하	폐하
황족	황후(황제의 부인) 태자(황제의 아들) 태후(태자의 부인)			
조선의 왕	임금, 왕	과인	전하	전하, 상(주상)
왕족	왕후, 왕비, 국모(왕의 부인), 세자(예비 왕, 왕의 아들), 대군, 공주(왕후의 아들, 딸) 군 옹주(후궁의 아들, 딸), 부마(왕의 사위)			
관직 명칭	원수(대원수), 장군, 태수, 상서, 시중, 소부, 시랑, 승상, 별감, 좌수, 수령, 부사, 한림, 상공, 재상, 원님(사또)	(임금에게) 신, 소신, 소장	(상급자가 부를 때) 경 (하급자가 부를 때) 공	(성+) 관직
과거 1차 합격자	진사, 생원			(성+) 호칭
양반 남성 (벼슬 無)	선비, 처사 ~생(젊은 남성)			(성+) 호칭
양반 여성	소저(결혼 전) 부인, ~씨(결혼 후)	첩(소첩)		
신선	옥황상제(신선 세계의 왕) 선관(신선 세계의 벼슬아치, 남성) 선녀(신신 세계의 여성)			
오랑캐	호왕(오랑캐 왕), 왜왕(일본의 왕)			

~: 성 씨

이 표는 지금까지의 기출문제 지문에 제시된 내용을 중심으로 단순하게 정리한 내용입니다. 인칭 대명사가 일반적인 대명사와 같거나 관직이나 호칭을 그대로 사용되는 경우, 사극 드라마에서 자주 나오는 정도의 쉬운 대명사는 생략했습니다. 관직명 중에 조선시대의 육조(이조, 호조, 예조, 병조, 공조, 형조) 업무를 맡던 이방, 호방, 예방, 병방, 공방, 형방도 있지만 자주 나오지는 않으니 참고로 알아두세요. ('이방'은 많이 들어 봤을 겁니다.) 각 관직의 하는 일까지 알 필요는 없기 때문에 구체적인 업무는 제시하지 않습니다. (고백하자면 관직과 업무에 대해서 자세히는 몰라요. 역사 선생님은 잘 아시지 않을까요?)

관직과 호칭은 소설 속 인물 관계를 정확하게 파악하는 것을 목적으로 하는 공부이므로 이 정도만 알아도 충분합니다. 이 표를 펼쳐두고 작품을 읽어 보면 한결 수월하게 읽을 수 있을 것입니다.

마지막으로 고전소설에서 어휘는 정말 중요합니다. 고전소설이 어려운 이유는 고전시가와 마찬가지로 생소한 어휘가 많기 때문입니다. 모르는 한자어가 나오면 '뭐-질문법'을 통해 꼭 해결하고 어휘 노트에 정리하기 바랍니다.

❊

이제부터 고전소설 기본 훈련 실행 단계로 진입합니다.

고전소설 기본 훈련의 실행 단계

실행 단계1) 제목 보기
실행 단계2) 인물에 동그라미 그리기
실행 단계3) 배경에 네모 그리기
실행 단계4) 인물 관계도 그리기
실행 단계5) 과거 내용에 꺾쇠 그리기
실행 단계6) 작품 줄거리 말해 보기

그럼 고전소설을 분석하는 방법을 예시를 통해 정리하도록 하겠습니다. 2015학년도 수능 B형 지문을 가져왔습니다.

산은 첩첩하고 물은 중중한데, 잠자려는 새들은 숲으로 들어가 객회(客懷)를 자아내니 숙향이 갈 데 없어서 앉아서 울고 있었다. 문득 파랑새가 꽃봉오리를 물고 손등에 앉거늘 숙향이 배고픔을 견디지 못해 꽃봉오리를 먹으니 눈이 맑아지고 배가 불러 정신이 상쾌하며 몸에 향내 진동하더라.

일어나서 파랑새가 가는 대로 따라 두어 고개를 넘어가니 산골짜기에 한 궁궐이 있는데, 그 새가 큰 문으로 들어가거늘 숙향이 따라 들어갔다. 한 계집이 마중 나와 숙향을 안고 들어 가 큰 전각(殿閣) 앞에 놓으니 한 부인이 머리에 화관(花冠)을 쓰고 황금 의자에 앉아 있다가 숙향을 맞아 팔을 밀어 동편 백옥 의자에 앉기를 청하거늘 숙향이 어찌할 줄 모르고 다만 울 뿐이었다.

부인 왈,

㉠"선녀께서 인간 세상에 내려와 더러운 물을 많이 먹었으니 정신이 바뀌어 전생 일을 모르나 이다."

선녀에게 명해 경액(瓊液)을 드리라 한대 선녀가 만호잔에 호박대를 받쳐 이슬 같은 것을 부어 드리거늘 숙향이 받아먹으니 맛은 젖맛 같고 매우 향기롭더라. 먹은 후에 천상의 일과 인간 세상에 내려와 부모 잃고 헤매며 고생한 일을 일일이 알게 되니 몸은 비록 아이나 마음은 어른이라. 즉시 일어나 부인께 네 번 절하고 왈,

㉡"첩은 천상에 득죄(得罪)하여 인간 세상에 내려와 고초가 심하거늘 이다지도 불쌍히 여겨 대접하시니 지극히 감격하나이다."

"선녀께서는 저를 알아보시겠나이까?"

"인간 세상에 내려와 정신이 바뀌었사오니 자세히 아옵지 못하나이다.

"이 땅은 명사계요, 저는 후토 부인이니이다. 선녀께서 인간 세상에 내려와 고생을 겪었으매 접때 잔나비와 황새를 보내 도와 드렸고 이번에는 파랑새를 보내었삽더니 보셨나이까?"

"다 보았사오나 부인의 하늘같은 은혜를 갚을 길이 없사오니 부인의 시비나 되어 만분지일이나 갚사올까 바라나이다."

부인이 정색하고 왈,

"저는 한낱 조그마한 신령이요, 그대는 월궁의 으뜸 선녀라. 비록 천상에서 지은 죄로 인간 세상에 내려와 일시 고생을 겪었으나 그런 말씀을 어찌 하시나이까? 선녀가실 곳이 또한 머오니 그 사이에 고생을 많이 겪을 것이오매 쉬어 내일 가소서."하고, 잔치를 배설하여 환대하니 음식과 보배 등이 극히 화려하더라.

숙향이 부인께 왈,

"첩이 전일 듣사오니 명사계는 시왕(十王)이 계신 데라 하더니 그러하오이까?"

"그러하여이다."

"그러하오면 시왕전이 어디오이까?"

"멀지 아니하오이다."

"인간 세상의 ⓝ부모⟩가 난중에 죽었으면 시왕전에 왔사올 것이니 반가이 만나 볼 수 있겠나이까?"

"그대 부모는 인간 세상에 반석같이 계시고 그들도 원래 인간 세상 사람이 아니요, 봉래산 선관 선녀로서 ⟨인간 세상⟩에 귀양 왔사오니 기한이 차면 ⟨봉래⟩로 돌아갈 것이요, 이곳은 오지 아니하리이다."

〈중략〉

⟨이선⟩이 ⟨숙향⟩이 보내 온 혈서를 보고 크게 놀라 통곡하고 그 편지를 ⟨숙모⟩께 드리고 낙양 옥 중에 가서 ⟨숙향⟩과 함께 죽으려 하더니 ⟨숙부인⟩ 왈,

"아직 자세히 알지도 못하는데 성급히 굴지 마라."

하며 ⟨하인⟩을 불러 ⟨할미 집⟩에 가 보고 오라 하고, 그 고을의 ⟨이방 원통⟩을 불러서 그 연고를 물으니 ⟨원통⟩이 고하기를,

"⟨상서⟩께서 명을 내리시어 ⟨숙향⟩을 잡아다가 죽이라 하신 고로 ⟨원님⟩이 ⟨상서⟩ 명을 거역하지 못하여 어젯밤에 ⟨숙향⟩을 잡아다 죽이려고 큰 매로 치라 하되 ⟨집장 사령⟩이 매를 들지 못하여 죽이지 못하였사오나 원님이 오늘 죽이려 하옵고 큰칼을 씌워 옥에 가두었나이다."

⟨숙부인⟩이 듣고 크게 놀라 왈,

"⟨선⟩이 비록 ⟨상서⟩의 아들이나 내가 양자로 들였으매 ⟨선⟩과 ⟨숙향⟩이 혼사를 치르도록 했거늘, 내게 묻지 아니하고 나를 과부라 업신여겨 이러하니 내 ⟨황성⟩에 들어가 ⟨상서⟩에게 일러 듣지 아니하면 ⟨황후⟩께 아뢰어 ⟨황제⟩께서 아시게 하리라."

하고 즉시 행장을 차려서 ⟨장안⟩으로 가니라.

한편 ⟨이선⟩은 집에 들어가 울며 ⟨숙향⟩이 죽었으면 함께 죽으리라고 하더라.

⟨이튿날⟩ ⟨김전⟩이 ⟨숙향⟩을 올리라 하니 이때 낭자가 옥 같은 두 귀 밑에 흐르나니 눈물이라. 연약한 몸이 큰칼 쓰고 여러 사람에게 붙들려 가니 반은 죽은 사람이라. 이를 보는 사람이 눈물 아니 짓는 이가 없더라.

⟨김전⟩이 왈,

"⟨네⟩고향은 어디며 이름은 무엇이며 나이는 몇이나 되며 뉘 집 딸이라 하나뇨?"

⟨낭자⟩ 왈,

"오 세에 부모를 난중에 잃고 사방에 유리(流離)하옵다가 겨우 의탁한 몸 되었사오니 고향과 부모의 성명은 모르오되 나이 찬 후에 혹 듣사오니 ⟨김 상서⟩의 딸이라 하오며 이름은 ⟨숙향⟩이요 나이는 십육 세로소이다."

김전의 아내 ⟨장 씨⟩가 그 말을 듣고 눈물을 흘리며 김전에게 왈,

"그 여자의 얼굴을 보오니 죽은 (우리 딸)과 같삽고 연치(年齒) 또한 같사오되 다만 김 상서의 딸이라 하니 그 근본을 자세히 모로오나 이름도 같고 나이도 같으니 혹 죽은 자식이 살아서 돌아다니는지 마음이 자연 비창(悲愴)하오니 아직 죽이지 말고 상서께 기별하여 스스로 처치하게 하오소서."

(김전)이 (부인)의 말을 옳게 여겨 (숙향)을 도로 하옥하라 하고, 이 사연을 (이 상서)에게 회보(回報)하니라.

– 작가미상, '숙향전'

*실행 단계1) 제목 보기

고전 작품의 제목은 보통 주인공 이름에 '전', '기' 등이 붙는 형식으로 되어 있습니다. 따라서 제목을 통해 중심인물이 누구인지 확인할 수 있습니다. 이 작품의 주인공은 '숙향'입니다.

*실행 단계2) 인물에 동그라미 그리기

인물에 동그라미를 합니다. '숙향'이 나옵니다. '한 계집'이 숙향을 안고 '한 부인' 앞에 놓습니다. 부인의 이름은 '후토 부인'입니다. 대화 속에서 '숙향'의 부모도 나옵니다. 〈중략〉 뒷부분에서는 '이선'과 '숙부인', '원통(이방)'이 등장하고 '원통'의 이야기 속에서 '상서'가 등장합니다. 이튿날에는 '김전'과 아내 '장 씨'가 나옵니다. '숙향'의 대화 속에서 '김 상서(숙향의 아버지)'라는 인물이 등장합니다. 그 이외에도 여러 인물이 있습니다. 모두 동그라미 합니다. 다만 여기에서 주의할 것은 대명사와 호칭입니다. ㉠에서 '선녀'가 누구인지, ㉡에서 '첩'이 누구인지 등을 꼭 확인하고 가야합니다. '상서'가 이름이 아니라는 것은 앞에서 관직 및 호칭표를 참고하면 쉽게 확인할 수 있습니다.

*실행 단계3) 배경에 네모 그리기

가장 처음에는 '산' 속에 '궁궐'이라는 공간이 나옵니다. '명사계'도 공간적 배경입니다. 〈중략〉 이후 '숙향'이 있는 '낙양 옥중'과 '숙부인'이 향하는 '장안' 역시 공간적 배경입니다. 시간적 배경은 숙부인이 떠난 후 '이튿날'이라는 말로 드러납니다. 굳이 제가 제시한 부분 아니더라도 공간이나 시간과 관련되어 있다고 생각이 든다면 모두 네모 표시를 해두면 됩니다.

*실행 단계4) 인물 관계도 그리기
사건을 중심으로 인물들 간의 관계를 그려봅니다.

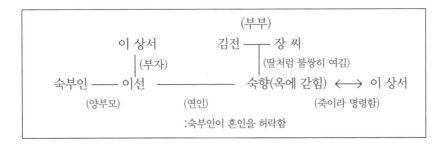

'숙향'이랑 '이선'이 서로 사랑하는데, '이 상서'의 방해를 받는 내용이므로 이 소설은 애정소설에 속합니다. 보통 애정소설은 반동 인물과 커플 사이의 갈등이 주가 되지만 제시문은 '숙향'과 주변 사람들의 이야기에 초점이 맞춰져 있는 특징이 있네요. 아마 출제자가 '숙향'에 대해서 많이 물어보려고 하나 봅니다.

*실행 단계5) 과거 내용에 꺾쇠 그리기
여기에서는 과거 내용이 드러나지 않으므로 생략합니다.

*실행 단계6) 작품 줄거리 말해 보기
이 단계는 가상의 인물에게 이야기하는 방식으로 전개합니다. (고전소설이니까 토마스 말고 도마수를 불러보죠. 도마수!)

"도마수, 이번엔 '숙향전'을 이야기해줄게. 숙향이 산에서 울고 있었는데, 파랑새나 나와서 따라 갔더니 후토 부인이 숙향을 선녀라고 부르면서 경액이라는 걸 먹였어. 그랬더니 자신이 인간 세상에 귀양 온 선녀였다는 걸 기억해냈지. 숙향의 부모도 글쎄

신선이었다네. 〈중략〉 뒤에는 이선이라는 남자가 숙부인한테 숙향이 죽을 위기니까 자신도 따라 죽겠다고 그랬지. 숙부인이 정색하면서 이 상서가 자신을 무시한다면서 황후에게 다 일러바치겠다고 황후를 보러 갔어. 숙부인이 황후랑 가까운 사이인가 봐. 이튿날 김전이라는 인물이 부인 장 씨와 함께 숙향을 보러 옥에 갔어. 그런데 숙향이 너무 불쌍한 거야. 그래서 장 씨가 자기네 딸 생각나니까 숙향을 죽이지 말아달라고 이 상서에게 잘 말해보라고 김전에게 부탁했지. 김전도 알겠다고 했고."

모든 과정이 끝나면 해답지를 펴고 해설을 봅니다. 거기에서 작품에 대한 설명과 줄거리 등을 확인하고 여러분의 해석과 비교합니다. 해설이나 본문 속에서 모르는 용어나 어휘가 나왔다면 '뭐, 왜−질문법'을 통해 꼭 확인하고 가라는 것은 이제 얘기하지 않아도 잘 할 수 있을 거라 믿습니다. (제발~) 이 과정이 모두 끝나면 고전소설 기본 훈련이 마무리됩니다.

Part7

문제 풀이를 잡아라

:수능 심화 훈련법

여기까지 오느라 대단히 수고 많았습니다. 힘들고 어렵고 지루할 수 있는 훈련이었음에도 여기까지 진행한 여러분은 충분히 '국어 성적 향상'이라는 상을 받을 자격이 있다고 생각합니다.

이제부터는 문제를 풀 겁니다. 아니 문제를 푸는 '훈련'을 할 겁니다. 이런 인식 없이 마구잡이식 문제 풀이는 시간 때우기 혹은 단순 노동이라고 할 수 있습니다. (풀어 놓은 문제를 보고 뿌듯하긴 해도 성적이 올라가진 않아요.)

심화 훈련은 문제를 정확하게 푸는 방식을 훈련하는 것입니다. 따라서 시간제한을 두지 않습니다. 시간이 얼마나 걸리든 충분한 시간을 가지고 해답지나 선생님의 힘을 빌리지 않은 채 최대한 자신의 힘으로 ①에서 ⑤까지 모든 선택지의 정답과 오답의 근거를 찾으세요. 해답지는 확인 절차로만 쓰고 선생님은 해답지로도 해결이 안 되는 것들에 대한 질문을 할 때만 찾아뵙습니다.

또 심화 훈련은 단순히 정답 맞히기 훈련이 아닙니다. '다른 선택지는 모르겠는데 확실히 정답만은 알겠어.'라는 식의 문제 풀이는 지양합니다. 오답의 근거도 찾아야합니다. 문제를 분석하고 출제의 메커니즘을 확인하는 것이 심화 훈련의 목적입니다. 정답 맞히기를 목표로 하는 훈련은 심화 훈련이 끝난 후 실전 훈련에서 해야 합니다.

지금부터 문제 풀이 훈련을 시작하겠습니다. 기본 훈련을 하면서 문제를 풀고 싶은 욕망이 꿈틀거렸을 텐데 이제 마음껏 풀어도 됩니다. 기본 훈련에서 쌓았던 모든 실력을 마음껏 발휘하며 문제를 풀어 봅시다.

심화 훈련의 계획 세우기

화법

화법과 작문의 1차 목표는 각각 기출문제(수능, 평가원, 교육청) 100문제로 잡습니다.

화법과 작문 문제는 각각 하루에 5개, 격일로 풉니다. (하루는 화법, 하루는 작문 이런 식으로 하면 되겠죠?) 그러면 총 40일이면 1차 목표를 완료할 수 있습니다.

2차 목표는 1차 목표를 반복하는 것으로 합니다. 이때는 문제를 풀기보다는 문제를 분석한다고 생각하고 봐야합니다. (어차피 웬만한 문제 아니면 답이 기억납니다.) 정답과 오답의 근거를 다시 찾고 출제자가 어떻게 오답을 만들었는지를 중심으로 생각하면서 봅니다.

고등학교 1, 2학생은 다시 반복하는 것을 3차 목표로 하고 고등학교 3학년이면 EBS 연계 교재를 모두 풀어보는 것을 목표로 세웁니다. 단, 꼭 기출문제를 먼저 본 후에 EBS 연계 교재를 보세요. (고3이라 시간이 촉박하더라도 적어도 1차 목표인 기출문제 1회독은 진행한 후에 연계 교재를 보세요.) 연계 교재보다 기출문제가 훨씬 더 중요합니다.

화법 계획표	월	화	수	목	금	토	총량
목표량	5개		5개		5개		15개
실시량							
미달량							

작문 계획표	월	화	수	목	금	토	총량
목표량		5개		5개		5개	15개
실시량							
미달량							

문법

문법의 1차 목표는 기출문제 50문제로 잡습니다.

하루에 2개를 격일로 풀면 총 25일이면 1차 목표가 완료됩니다.

2차 목표는 1차 목표를 반복하는 것으로 합니다.

3차 목표는 EBS 연계 교재를 목표로 세웁니다. (1, 2학년은 기출문제를 다시 보세요.)

문법 계획표	월	화	수	목	금	토	총량
목표량		2개		2개		2개	15개
실시량							
미달량							

문학

문학(현대시, 현대소설, 고전운문, 고전산문 동일합니다.)의 1차 목표는 각 30개의 지문으로 잡습니다.

하루 계획은 이렇습니다. 먼저 현대시, 현대소설, 고전운문, 고전산문 중 2개의 영역을 선택해서 묶습니다. 예를 들어 현대시와 고전운문을 한 묶음, 현대소설과 고전산문을 한 묶음으로 했다고 쳐보죠. 각 묶음을 격일로 실시하는 계획을 세웁니다. 분량은 한 영역당 1지문씩입니다. 그러면 60일이면 1차 목표가 완료되겠지요.

2차 목표는 1차 목표를 반복하는 것으로 하고 3차 목표는 EBS 연계 교재를 모두 풀어 보는 것으로 잡습니다. (1, 2학년은 기출문제 무한 반복!)

문학 계획표		월	화	수	목	금	토	총량
현대 시	목표량	1지문		1지문		1지문		3지문
	실시량							
	미달량							
고전 운문	목표량	1지문		1지문		1지문		3지문
	실시량							
	미달량							
현대 소설	목표량		1지문		1지문		1지문	3지문
	실시량							
	미달량							
고전 산문	목표량		1지문		1지문		1지문	3지문
	실시량							
	미달량							

독서(비문학)

독서의 1차 목표는 기출문제 60지문입니다.

하루에 1지문씩 풉니다. 그러면 2개월만 투자하면 1회독이 가능합니다.

독서 계획표	월	화	수	목	금	토	총량
목표량	1지문	1지문	1지문	1지문	1지문	1지문	6지문
실시량							
미달량							

여기에서 제시된 각 영역 당 목표치는 최소량입니다. 본인의 필요 여부에 따라 수정해도 됩니다. 만약 기출문제집을 구입했다면 기출문제집의 차례를 보고 각 영역의 목표치를 설정하는 것도 좋은 방법입니다.

처음에는 시간이 많이 걸려서 이것을 어떻게 하나 싶기도 할 겁니다. 그러나 익숙해지면 시간이 많이 단축될 수 있으니까 그때까지는 참고 하길 바랍니다. (이것보다 줄이지는 마세요. 최소한으로 줄인 계획이니까요. 만약 여유가 있거나 부족한 영역은 좀 더 추가하는 것은 가능합니다.) 학원을 가야해서, 인강을 들어야 해서 시간이 부족하다는 학생이 있을 텐데요. 이 책의 목표는 완전한 자기 주도적 학습법을 제시하는 것입니다. 만약 학원이나 인강을 이용하는 것을 말릴 수는 없겠지만(당연히 필요하다면 이용해야지요.) 그건 어디까지나 도구일 뿐이고 결국 성적을 올리는 것은 자기 주도학습이 결정적인 역할을 한다는 걸 인정해야 합니다. 따라서 만약 사교육을 받느라고 이 정도도 해내지 못할 만큼 시간이 부족하다면 지금 받고 있는 사교육을 과감하게 정리하세요. 대개 사교육을 늘이기보다는 자기 주도적 학습량을 늘이는 것이 훨씬 효과가 큽니다.

＊

앞에서 각 영역별 훈련 계획표의 예시를 표로 제시했습니다만 한 번에 정리하고 싶다면 다음과 같이 활용하면 됩니다. (영역별 계획표보다는 복잡하게 생겼네요.)

훈련계획표 / 요일	화법		작문		문법		현대시		현대소설		고전운문		고전산문		독서	
	목표량	실시량	목표량	실시량	목표량	실시량	목표량	실시량	목표량	실시량	목표량	실시량	목표량	실시량	목표량	실시량
월	5		5		2		1		1						2	
화	5		5		2						1		1		2	
수	5		5		2		1		1						2	
목	5		5		2						1		1		2	
금	5		5		2		1		1						2	
토	5		5		2						1		1		2	
총	30		30		12		3		3		3		3		12	
미달량																

　물론 개인 스케줄에 따라 목표량을 변동하는 것은 가능합니다. (그래도 하루를 몽땅 비우는 것은 하지 않으려고 노력하세요. 조금이라도 계획해 둬야 합니다.) 그리고 계획은 일요일 밤이나 월요일 아침에 세우세요. 그 주에 특별한 일이 없는 한 크게 변동 사항이 없을 테니까 시간이 많이 걸리지는 않습니다.

　그럼 이 계획표를 이용하는 방법을 예를 들어 제시해 보겠습니다. 철수라는 학생이 이 계획표를 이용해서 국어 훈련을 한다고 가정합시다.

　철수는 목요일마다 병원에서 봉사 활동을 합니다. 그래서 공부할 시간이 평소보다 부족하죠. 그런데 금요일은 학교 보충 수업이 없어서 자습할 시간이 조금 더 있습니다. 그 스케줄을 반영해서 철수는 목요일에는 문법을 1문제만 풀기로 하고 금요일에 1문제를 더 푸는 것으로 계획을 세웠습니다. 독서도 1지문만 하기로 하고 금요일에 하나 더 하기로 합니다.

훈련계획표 요일	화법		작문		문법		현대시		현대소설		고전운문		고전산문		독서	
	목표량	실시량	목표량	실시량	목표량	실시량	목표량	실시량	목표량	실시량	목표량	실시량	목표량	실시량	목표량	실시량
월	·	·	5	5	2	2	1	1	1	1	·	·	·	·	2	2
화	5	5	·	·	2	2	·	·	·	·	1	1	1	1	2	2
수	·	·	5	5	2	1	1	1	1	1	·	·	·	·	2	1
목	·	·	5	5	3	2	1	1	1	0	·	·	·	·	3	·
금	5	5	·	·	2	1	·	·	·	·	1	1	1	1	2	2
토	5	5	·	·	2	1	·	·	·	·	1	1	1	1	2	2
총	15	13	15	15	12	9	3	3	3	2	3	3	3	2	12	9
미달량	2		0		3		0		1		0		1		3	

철수가 토요일에 최종적으로 정리한 계획표입니다. 목요일에 봉사 활동이 예상보다 늦게 끝나는 바람에 계획보다 더 못했고 금요일에 열심히 했어야 했는데, 복통 때문에 열심히 못했습니다. 그래서 미달량이 나오고 말았군요. 이 미달량이 일요일 계획표가 됩니다. 일요일 계획이 없는 이유를 알겠죠? 놀기 위해서 일요일을 비워둔 것이라기보다는 하지 못한 공부를 할 수 있는 여유를 둔 것입니다. 대신 '일요일이 있으니까'라는 안일한 마음을 가지면 안 됩니다. 평일에 최대한 계획을 지키려고 노력하세요. 그래야 일요일에 다른 과목을 공부할 수 있는 시간이나 휴식을 취할 여유를 만들 수 있어요.

마지막으로 일요일까지 했는데도 계획한 양을 다 하지 못할 만큼 많은 양 이 미달되었다면 그건 그냥 두고 다음 주 계획을 세웁니다. 그러니까 못한 만 큼은 다음 주 계획에 반영하지 말고 그냥 새로운 한 주를 시작한다고 생각하 라는 겁니다. (그냥 그 주는 실패한 주라고 생각해버리세요.) 그래야 부담 없 이(물론 죄책감은 있겠지만) 다음 주 훈련에 몰입할 수 있습니다. 계획량이 너무 많으면 의욕을 잃어버려 결국 계획을 지키지 않게 되거든요. 계획을 지키지 않는 게 습관이 되면 계획은 무용지물이 됩니다. 지속적으로 계획을 지키려면 버릴 건 깔끔하게 버리고 새로 시작하는 것도 필요합니다.

문제 풀이의 원칙

문제 풀이의 원칙❶:
키워드 찾기

출제자가 선택지를 만들 때는 키워드를 먼저 생각하고 난 후 나머지 살을 붙이는 방식으로 선택지가 만들어지지요. 출제자의 사고 과정을 풀어보면 이렇습니다.

❋

이 시에는 감각적 이미지로 대상을 묘사하는군. 그러면 감각적 이미지를 바꿀까, 묘사를 바꿀까, 음, 대상을 묘사한다는 걸 바꿔야겠어. '감각적 이미지를 활용하여 대상의 불변성을 부각하고 있다.'로 바꾸면 오답이 되겠네.

❋

문제를 푸는 입장에서는 이런 사고를 거꾸로 하면 됩니다.

'감각적 이미지를 활용하여 대상의 불변성을 부각하고 있다.'라는 선택지가 있다면 출제자가 생각했던 키워드를 생각해보는 것이지요. 여기에서는 ① 감각적 이미지, ②대상의 불변성 부각이라는 키워드를 발견할 수 있습니다. 그리고 나서 시에 감각적 이미지가 드러나는지, 이를 통해 대상의 불변성이 부각되는지를 차례로 확인해야겠지요.

키워드의 사전적 의미는 '데이터를 검색할 때에, 특정한 내용이 들어 있는 정보를 찾기 위하여 사용하는 단어나 기호'를 뜻합니다. 그러나 이 책에서는 키워드를 이렇게 정의합니다.

'선택지에서 출제자가 틀리게 만들 법한 내용'

예를 들어 설명할게요.

① 화자는 자연을 교감과 소통의 대상으로 인식하고 있기 때문에 '달'에 인격을 부여하여 자연과의 합일을 추구하는군.

이라는 선택지가 있습니다. 이 내용 중에 뭐가 틀리면(혹은 뭐가 본문 내용과 다르면) 이 선택지가 틀리게 되는지를 생각해보는 거죠.

첫 번째로 화자가 자연을 교감과 소통의 대상으로 인식하지 않으면 이 선택지는 오답이 됩니다. 두 번째로 달에 인격을 부여하지 않았다면 이 선택지는 오답이 되죠. 세 번째로 자연과의 합일을 추구하지 않으면 이 선택지는 오답이 됩니다. 이런 판단을 바탕으로 키워드를 표시하면 아래와 같이 되겠죠.

① 화자는 자연을 교감과 소통의 대상으로 인식 하고 있기 때문에 '달'에 인격을 부여 하여 자연과의 합일을 추구 하는군.

어렵지 않죠? 사실 이 키워드 찾기는 문제가 쉬울 경우(혹은 작품이 쉬울 경우)에는 무의식적으로 되는 경우가 많습니다. 하지만 여기에서 강조하고 싶은 것은 의식을 하고 선택지를 분석하라는 겁니다. 그래야 어려운 문제가 출제되더라도 체계적으로 풀 수 있습니다.

문제 풀이에서 가장 우선시되어야 할 것은 키워드를 찾아내는 능력입니다. 출제자가 틀리게 만들 수 있는 부분을 찾는 안목을 길러야 합니다. 키워드를 찾고 밑줄을 긋는 훈련만 꾸준히 해도 문제를 보는 안목이 성장하기 때문에 좋은 성과를 얻는 학생들이 꽤 많습니다.

문제 풀이의 원칙❷

근거 찾기

영역을 불문하고 모든 국어 문제에서 가장 중요한 것은 선택지의 내용에 해당하는 '근거'를 찾는 것입니다. 선택지가 옳은 것이라면 옳은 이유, 선택지가 그른 것이라면 그른 이유를 찾아야 하는 것이지요. 그 이유의 단서가 되는 것을 근거라고 합니다.

앞의 예를 다시 보면 '감각적 이미지를 활용하여 대상의 불변성을 부각하고 있다'라는 선택지에서 키워드인 '감각적 이미지'가 어디에서 드러나는지, 그것을 통해서 왜 대상의 불변성이 부각되는지를 직접 찾아야 합니다.

문제는 많이 푸는 데 성적이 생각보다 잘 나오지 않는 이유 중 가장 큰 비중을 차지하는 것이 바로 '근거'를 찾으며 푸는 노력을 하지 않는 경우입니다. 수능 성적에 비해 내신 성적이 좋은 학생들의 경우 배경지식에 의존해서 문제를 푸는 경우가 많습니다. 하지만 국어영역 시험은 배경지식에서 근거를 찾는 것이 아닙니다. 본문에서 근거를 찾아야 합니다. 혹시 여러분이 본문이 아닌 배경지식(이미 배웠던 내용)에서 근거를 찾으려 하지 않았는지 생각해 보세요.

때로는 감에 의존해서 문제를 푸는 학생도 있습니다. 이런 친구들은 보통 성적이 들쑥날쑥 하는 경우가 많지요. 객관적인 근거를 찾는 훈련을 하지 않으면 이런 현상이 일어납니다. 국어는 절대 감으로 푸는 시험이 아닙니다. 객관적인 근거를 찾아서 푸는 것이지요.

따라서 선택지에 해당하는 근거는 시험지 안에서 모두 찾는다는 생각으로 심화 훈련에 임하기 바랍니다.

수능 심화 훈련
(문제 풀이)

화법과 작문

화법

실제로 화법 영역의 학문적 이론은 최근 들어 활발하게 연구가 진행되고 있는 학문입니다. 하지만 그런 학문적 경향이 문제에 반영되기까지는 시간이 좀 걸릴 듯합니다. 토론, 토의, 협상 등 다양한 대화의 종류가 지문으로 출제되지만 문제에 적용되는 화법 개념은 매우 적고 따로 공부하지 않더라도 상식에 기대어 있기 때문에 쉽게 알 수 있습니다. 따라서 글의 내용을 잘 따라가기만 하면 문제를 풀 수 있는 경우가 대부분이지요. 예를 들어 보겠습니다.

2015학년도 수능 기출문제입니다. 일부만 제시할 게요.

사회자: 이번 시간에는, 수필 [강희자전과 감투]를 변형하여 재구성한 상황을 바탕으로 책방 주인의 이윤 추구 행위가 정당한지 부당한지에 대해 토론해 보겠습니다. 제시문을 통해 논제와 관련된 상황을 확인하고 입론을 진행해 주시기 바랍니다. (이하 중략)

문제) 위 토론의 논제의 성격을 이해한 것으로 가장 적절한 것은?

① 어떤 행위의 정당성을 판단하고 자신의 판단이 더 타당함을 밝혀야 하는 논제이다.
② 어떤 문제 해결 방법이 더 유용한지를 판단하고 다른 방법과의 절충 방안을 밝혀야 하는 논제이다.
③ 어떤 현안에 대하여 그것이 지닌 문제를 제기하고 문제를 해결할 정책이 필요함을 밝혀야 하는 논제이다.
④ 어떤 상황에 대한 사실 관계를 확인하고 그 사실 관계가 성립하는 데 필요한 조건을 밝혀야 하는 논제이다.
⑤ 어떤 정책이 실현 가능성이 있는지 판단하고 자신의 주장이 더 유용한 가치가 있음을 밝혀야 하는 논제이다.

사실 이 문제는 토론 논제의 종류인 사실 논제, 가치 논제, 정책 논제의 개념을 알고 있는가를 묻는 문제였습니다만 그런 논제의 종류를 모르더라도 충분히 해결할 수 있도록 구성되어 있습니다. 논제가 '책방 주인의 이윤 추구 행위가 정당한지 부당한지'에 대한 토론이니까 당연히 정당성을 판단하는 논제이겠죠. (물론 '논제'라는 개념을 모르면 곤란하겠군요.)

제 개인적인 판단으로 현재 화법 문제는 비문학 읽기 훈련을 꾸준히 한 학생이면 충분히 풀 수 있는 수준으로 출제되고 있으므로 앞서 언급한 계획에 따라 문제를 푸는 것만으로 충분한 대비가 된다고 생각합니다. 화법 점수가 낮은 학생은 대부분 비문학 점수가 더 낮지만 비문학 점수가 높은 학생이 화법 점수만 낮은 경우는 본 적이 없기 때문입니다. 다만 정답만 확인하는 것이 아니라 모든 선택지의 키워드와 그에 해당하는 근거를 찾는다는 마음가짐으로 훈련에 임하기를 바랍니다. 심화 훈련의 목적은 정답 맞히기가 아닌 문제를 푸는 실력을 기르기 위한 것이기 때문입니다.

작문

작문 역시 문학이나 비문학과 유사하게 해결할 수 있는 유형이 많고 화법 영역과 마찬가지로 문제에 적용되는 개념이 적기 때문에 따로 기본 학습이 필요하지는 않습니다. 다만 작문 유형에서 나타나는 독특한 유형이 있기 때문에 대표적인 유형을 몇 가지를 정리하고 그것의 해결 방법을 안내하겠습니다.

유형1) 글쓰기 전략 혹은 글쓰기 계획

글쓰기 전략 문제는 비문학 영역의 서술상 특징을 묻는 유형과 유사합니다. 다만 지문이 비문학 영역보다 쉽기 때문에 문제 난이도 자체가 낮아지게 되겠죠. 이 유형의 해결 방법은 서술상 특징을 푸는 방식과 유사합니다. (화법에서 말하기 계획 유형과도 비슷합니다.) 선택지의 개념이 적용되어 있는지를 지문과 대비해 가며 찾아가야 합니다.

2015학년도 수능 B형에 출제된 문항 중 지문은 생략하고 문제만 가져올 게요.

문제) 학생의 초고에 사용된 글쓰기 전략으로 적절하지 <u>않은</u> 것은?

① 현재의 문제 상황을 드러내기 위해 이와 관련된 조사 결과를 사례로 든다.
② 문제 해결의 필요성을 강조하기 위해 현 상황이 지속될 경우 미래에 발생할 수 있는 일의 심각성을 부각한다.
③ 현 상황에 대한 독자의 이해를 돕기 위해 상황 발생의 원인을 분석하여 제시한다.
④ 논지의 타당성을 강화하기 위해 과거의 정책과 자신이 내세운 대안을 비교하여 제시한다.
⑤ 주장의 설득력을 높이기 위해 화제에 대한 긍정적 전망을 제시한다.

이와 같이 이 유형의 선택지는 비문학에서 서술 방식을 묻는 문제와 매우 유사하다는 것을 알 수 있습니다. 결국 키워드를 찾고 근거를 찾아 푸는 방식으로 접근해야 합니다.

유형2) 자료 활용의 방안

자료 활용 방안을 찾는 문제는 작문 유형 중 가장 까다로운 유형 중 하나입니다. 이 문제를 해결하기 위한 방안은 다음 물음에 대한 답을 찾으면서 문제를 보는 것입니다.

---

① 주제와 선택지가 관련성이 있는가?
② 자료와 선택지가 관련성이 있는가?
③ 자료의 해석이 정확한가?

주제는 보통 발문에 드러나 있습니다. (예: '고등학생의 체험 활동 활성화 방안'에 대한 글을 쓰려고 한다.) 혹은 지문의 첫 문단 즈음에 따옴표로 제시해 둡니다. 그러나 주제를 가시적으로 드러내지 않는 유형도 있는데, 이때 주제는 어쩔 수 없이 지문 내용을 토대로 추론해야 합니다. (찾기가 어렵지는 않습니다. 비문학보다 쉬워요. 훨씬!) 일단 먼저 주제를 찾아서 밑줄을 긋습니다.

①은 주제와 선택지 사이의 관련성이 어긋난 경우입니다. 예컨대 '고등학교 체험 활동 활성화 방안'이 주제인데 선택지에 '고령자들의 여가 활동 활성화 방안'과 관련된 그래프를 사용한다는 내용이 들어 있다면 적절하지 않은 선택지가 되는 것이죠.

②는 자료를 해석한 내용과 선택지의 내용 사이의 관련성이 어긋난 경우입니다. 예를 들어 자료는 '고등학교 체험 프로그램에 참여하는 학생들의 자세'와 관련된 내용을 제시해 두고는 선택지는 '고등학교 체험 프로그램이 다양화되지 못한 현실'을 지적한다면 적절하지 않은 선택지가 되는 것이지요.

③은 자료를 해석한 내용이 잘못 되어 있는 경우입니다. 예를 들어 자료

에는 고등학교 체험 프로그램 중 축제 및 행사가 가장 낮은 참여도를 보이는데, 선택지에는 '축제 및 행사의 참여도가 높으니 이를 이용하는 프로그램을 더 개발한다.'와 같은 내용이 들어있으면 적절하지 않은 선택지가 되는 것입니다.

❖

이 유형은 주제를 찾고 이 세 가지 질문을 염두에 두고 모든 선택지를 분석하는 훈련을 한다면 좋은 성과를 거둘 수 있습니다.

유형3) 조건 반영

조건 반영 문제는 비유, 문답, 대구 등 문학 개념어가 많이 쓰입니다. 문학 개념에 대한 충분한 학습이 되었다면 키워드를 찾고 선택지에서 그 내용이 반영되어 있는지 찾는 것은 그리 어렵지 않습니다.

2015학년도 9월 평가원 B형입니다. 발문과 조건만 제시할게요.

문제) (나)의 [B]에 결론을 쓰고자 할 때, 〈조건〉에 맞추어 쓴 것으로 가장 적절한 것은?

> 〈조건〉
> · 글의 목적과 흐름을 고려하여, 독자가 유의할 점 을 제시할 것.
> · 설득의 효과를 높이기 위해 대조 의 방법을 사용할 것.

이런 문제는 먼저 키워드를 찾고(네모 친 것), 선택지에 키워드가 반영되어 있는지를 찾는 것을 훈련해야 합니다. 실제로 문제 풀 때는 찾기 가장 수월한 것만 찾아도 되지만 심화 훈련은 정확한 문제 풀이가 목적이므로 제시된 모든 조건의 반영 여부를 모두 찾아 확인하는 훈련을 해야 합니다.

유형4) 고쳐 쓰기

고쳐 쓰기는 사실 해결 방안이 없습니다. 제시된 내용과 고쳐 쓸 내용을 비교해보고 뭐가 더 자연스러운지를 기준으로 판단해야 합니다.

2015학년도 수능에서는 이런 문제가 나왔네요. 이런 형태를 갖춘 문제를 '고쳐 쓰기 유형'이라고 합니다.

문제) (나)의 ㉠～㉤을 고쳐 쓰기 위한 방안으로 적절하지 <u>않은</u> 것은?

① ㉠: 문장 성분의 호응을 고려하여 '부착될'로 고친다.
② ㉡: 피동 표현이 중복되었으므로 '나뉜다'로 고친다.
③ ㉢: 문장의 연결 관계가 어색하므로 '그런데'로 고친다.
④ ㉣: 조사의 사용이 잘못되었으므로 '기준의'로 고친다.
⑤ ㉤: 문맥상 부적절한 단어이므로 '실천하는'으로 고친다.

'고쳐 쓰기의 유형'은 지금까지 기출문제에서 형태의 큰 변화 없이 출제되고 있기 때문에 따로 모아서 정리해두면 도움이 될 수 있습니다. 그러면 적절한 접속어나 문장의 호응, 문장순서 바꾸기 등을 다룬 선택지는 굉장히 많이 나온다는 걸 확인할 수 있을 겁니다. (이 문제에서도 나왔네요.) 선택지가 어떻게 구성되는지만 확인해도 출제자의 의도를 파악하는데 큰 도움을 받을 수 있습니다.

그런데 2016학년도 수능 '문법' 파트에서 이전과는 다른 유형의 문제가 등장했습니다. 이 문제를 한 번 볼까요?

문제) 다음 중 문법적으로 가장 정확한 문장은?

① 그는 자기가 창안한 사회 이론을 더욱 발전해 사회 문제의 해결에 기여하고자 하였다.
② 참관인 자격으로 회의에 참석한 두 사람은 눈짓을 주고받은 후 조용히 회의장을 빠져나갔다.
③ 유럽은 18세기 후반부터 약 100년 동안 생산 기술의 발달과 그에 따라 사회 조직의 큰 변화를 겪었다.
④ 이 책의 저자가 독자에게 말하려는 요점은 모름지기 사람은 남을 위하여 자기를 희생할 줄도 알아야 한다.
⑤ 그의 작품들은 엇비슷해서 학생들이 작품 이름의 혼동이나 각 작품의 이야기 줄거리를 잘 기억하지 못했다.

이 문제는 문법적인 오류를 묻는 문제이지만 사실 작문의 고쳐 쓰기 유형의 어려운 버전이라고 보면 됩니다. 기존의 고쳐 쓰기 유형에서는 선택지를 'A하므로 B로 고친다.' (예-문장의 연결 관계가 어색하므로 '그런데'로 고친다.)로 구성해서 힌트를 주는데, 이 유형은 힌트가 전혀 없어서 꽤나 높은 수준의 언어 사용 능력을 요구합니다.

하지만 이 문제도 자주 나오는 오류를 이용해서 비문(문법에 어긋난 문장)을 만들어 선택지를 구성하고 있습니다. 풀이를 해볼까요?

문제) 다음 중 문법적으로 가장 정확한 문장은? 정답: ②

① <u>그는</u> 자기가 창안한 사회 이론을 더욱 <u>발전해</u> 사회 문제의 해결에 기여하고자 하였다.
풀이) 밑줄 그은 주어와 서술어가 호응하지 않습니다. (문장의 호응)

② 참관인 자격으로 회의에 참석한 두 사람은 눈짓을 주고받은 후 조용히 회의장을 빠져나갔다.

③ 유럽은 18세기 후반부터 약 100년 동안 <u>생산 기술의 발달과</u> 그에 따라 사회 조직의 큰 변화를 <u>겪었다.</u>
풀이) 밑줄 그은 목적어와 서술어가 호응하지 않습니다. (문장의 호응)

④ 이 책의 저자가 독자에게 말하려는 <u>요점은</u> 모름지기 사람은 남을 위하여 자기를 희생할 줄도 <u>알아야 한다.</u>
풀이) 밑줄 그은 주어와 서술어가 호응하지 않습니다. (문장의 호응)

⑤ 그의 작품들은 엇비슷해서 학생들이 <u>작품 이름의 혼동이나</u> 각 작품의 이야기 줄거리를 <u>잘 기억하지 못했다.</u>
풀이) 밑줄 그은 부분이 호응하지 않습니다. (문장의 호응)

풀이를 보면 모든 선택지가 문장의 호응에 문제가 있다는 것을 확인할 수 있습니다. 그런데 이 문장의 호응은 고쳐 쓰기 유형의 선택지에서 빠지지 않고 등장하는 단골손님입니다. 그러니까 고쳐 쓰기 유형이라고 봐도 무방하겠지요.

하지만 이 문제의 등장 이전까지만 해도 기출문제 20개 정도의 선택지만 훑어봐도 충분히 해결할 수 있는 유형이라고 했던 고쳐 쓰기 유형의 난이도가 높아졌습니다. (비록 문법 파트에서 출제되었지만) 따라서 공부 방법도 약간 달라져야 하겠지요. 이 유형을 해결하기 위한 방법으로 기출문제 20개의 선택지를 쭉 훑어본 다음, 비문으로 제시된 문장을 자신이 한 번 고쳐보고 확인하는 작업으로 마무리를 하는 것을 권합니다.

유형5) 개요 수정

개요 문제의 해결 방안은 다음과 같습니다.

> 해결 방안①: 본론에서 '문제점과 해결 방안'이 서로 대응되는가?
> 해결 방안②: '문제점과 해결 방안' 외의 수정 방안은 주제와 관련이 있는가?

해결 방안①은 문제점과 해결 방안의 연결성을 가장 먼저 봐야 합니다. 문제점과 해결 방안의 개수가 같아야하고 서로 대응이 되어야 합니다. 상위 제목과도 어울려야겠죠. 문제점에 관한 내용인데 해결 방안에 들어가 있지는 않는지 살펴야 합니다. 이 둘의 관계에서 적절하지 않은 선택지가 가장 많이 나오므로 이 부분을 잘 살피세요.

해결 방안②는 문제점과 해결 방안 이외의 본론 내용, 서론, 결론 등은 선택지에 제시된 수정 방안이 주제와 연관이 있는지를 살펴야 합니다.

이제 예를 들어 설명해보겠습니다.

> 주제: 도시 농업의 활성화 방안
> Ⅰ. 서론
> Ⅱ. 본론
> 1. 현황
> 가. 도시 농업에 대한 관심 증가
> 나. 귀농 인구의 증가
> 다. 도시 농업 활동의 부진
> 2. 문제점 분석
> 가. 도시 농업에 필요한 경작 공간의 부족
> 나. 안전한 먹을거리에 대한 수요 증가
> 다. 도시 농업 관련 연구 및 기술 부족
> 라. 인력 부족
> 마. 도시 농업의 제도적 기반 미흡

3. 개선 방안
  가. 도심지 내 마을 텃밭 조성
  나. 도심지 내 주말 농장 확대
  다. 도시 농업 전문 인력 양성 및 교육
  라. 도시 농업 관련 제도적 기반 구축
Ⅲ. 결론

이런 개요가 나오면 '해결 방안①'에 해당하는지 확인해야 하기 때문에 일단 문제점과 개선 방안을 먼저 봅니다. 문제점은 5개이고 개선 방안은 4개죠? 그럼 문제가 있는 겁니다. 그리고 각각을 대응시켜 봅니다. '2-가'와 '3-가'는 서로 연결됩니다. 그런데 '2-나'와 '3-나'는 연결되지 않습니다. 문제가 있는 거죠. '2-나'는 소제목인 문제점 분석과도 어울리지 않습니다. 이것도 수정해야겠죠? '2-라'와 '3-다'는 연결이 되긴 하는데 '2-라'가 내용이 부실해 보입니다. 수정해야 합니다,

또 'Ⅱ-1-나'는 주제와 관련성이 떨어져 보입니다. 수정해야 합니다. 이건 해결 방안②에 해당하는 방식으로 문제점을 찾은 예가 될 수 있겠네요.

문제를 풀기 전에 개요부터 먼저 보고 해결 방법에 따라 분석하는 훈련을 하기 바랍니다. 이 훈련을 하면 문제는 쉽게 해결됩니다. (그런데 요즘에는 이런 유형의 문제가 잘 나오지 않는 추세이긴 하더라고요. 너무 쉬워서 그런가! … 이 유형 대신 개요를 통해 초고를 작성하는 문제나 초고에 반영된 내용을 개요에서 찾는 문제로 대체되고 있는 것 같습니다. 사실 바뀐 유형이 더 쉽다는 게 함정.)

기출문제를 보면 형태가 조금씩 달라도 대부분 이 유형에 속한다는 걸 확인할 수 있을 겁니다. 이외의 유형도 있긴 하지만 새로운 유형이라고 해서 딱히 어렵지는 않습니다. 왜냐하면 화법이나 비문학 영역을 해결하는 방법과 유사하기 때문이죠. 기출문제를 1~2회 가량 풀어보는 것으로 충분히 문제 풀이에 익숙해 질 겁니다.

사실 화법과 작문 영역은 국어영역에서 가장 쉽습니다. 조금만 노력해도

금방 만점을 받을 수 있는 영역이지요. 고득점을 하는 학생 중 이 영역에서 틀리는 경우는 없습니다. (실수하지만 않는다면 말이죠.) 다시 말하면 고득점을 하기 위해서는 반드시 만점을 받아야하는 영역이지요. 유형에 따라 꼼꼼하게 푸는 습관만 꾸준히 유지하면서 훈련한다면 생각보다 빨리 성과를 볼 수 있는 영역이 화법과 작문 영역입니다. 대신 쉽다고 방심하는 것은 절대 금물입니다. 계획에 따라 철저하게 훈련하기 바랍니다.

문법

문법 심화 훈련의 실행 단계

실행 단계1) 꼼꼼하게 문제 분석
실행 단계2) 문제 풀이
실행 단계3) 오답 노트 작성

---

*문법 심화 훈련의 준비 단계) 상태 점검

기초 훈련에서 문법의 개념에 대해서 강조했었습니다만 사실 수능 시험을 위해 여러분이 기본적으로 알아야하는 문법 개념은 그다지 많거나 어려운 편은 아닙니다. '어느 정도'만 알면 됩니다. 여기서 '어느 정도'의 기준은 어떤 어려운 개념을 설명하기 위해서 필요한 개념 정도라고 할 수 있습니다. 예를 들어 어려운 개념인 통사적 합성어와 비통사적 합성어의 차이를 설명하려고 하는데 '합성어'의 개념을 모르면 '통사적 합성어'를 설명할 수가 없겠죠. 그러므로 여러분은 적어도 '합성어'의 개념 정도는 알고 있어야 한다는 말입니다.

문제를 통해 좀 더 구체적으로 설명할 수 있을 것 같으니 문제를 가져올게요.

2014학년도 수능 B형에 출제되었던 문제입니다.

문제) 〈보기〉의 ㉠, ㉡이 모두 사용된 문장은?

> **〈보기〉**
> 우리말에서는 일반적으로 선어말 어미나 종결 어미, 조사 등을 통해 높임을 표현하지만, 어휘를 통해 높임을 표현하는 경우도 있다. 높임 표현에 쓰이는 어휘들은 다음과 같이 분류할 수 있다.
> · 주체를 높이는 용언(예-계시다)·······················㉠
> · 객체를 높이는 용언(예-드리다)
> · 높여야 할 인물을 직접 높이는 명사(예-선생님)
> · 높여야 할 인물과 관련된 것을 높이는 명사(예-진지) ·············㉡

이 문제는 높임법이 어떻게 구현되는지에 관해 물어보는 것이었는데요. '높임법의 구현 방식'에 대해서 암기하지 않았더라도 충분히 풀 수 있는 문제입니다. (그걸 물으면 내신 문제지요.) 그런데 '높임법의 구현 방식'을 설명하기 위해 제시된 기본적인 용어들을 이해하지 못하면 문제를 푸는 데 어려움이 있습니다.

> **〈보기〉**
> 우리말에서는 일반적으로 선어말 어미 나 종결 어미 , 조사 등을 통해 높임을 표현하지만, 어휘를 통해 높임을 표현하는 경우도 있다. 높임 표현에 쓰이는 어휘들은 다음과 같이 분류할 수 있다.
> · 주체 를 높이는 용언 (예-계시다) ·····························㉠
> · 객체 를 높이는 용언 (예-드리다)
> · 높여야 할 인물을 직접 높이는 명사 (예-선생님)
> · 높여야 할 인물과 관련된 것을 높이는 명사 (예-진지) ···········㉡

네모 표시한 것들이 문법 용어인데요. 출제자가 따로 이 용어들에 대한 설명을 하지 않은 걸 보면 이 정도 용어들은 기본적으로 알고 있는 걸 전제로 하고 출제했다는 것을 알 수 있습니다. 문제에서 따로 설명되지 않은 용어가 바로 기본 개념어이므로 수능 문법 시험을 위해서는 딱 이 기본 개념어만 공부해두면 됩니다. 그런데 이건 기본 훈련에서 해야 할 일이지요. 따라서 문제를 풀다가 문제에서 설명하지 않은 기본 용어를 몰라서 문제 풀이가 막힌다면 문제 푸는 것을 중단하고 기본 훈련으로 돌아가 개념 학습부터 다시 하기 바랍니다. 여러분은 아직 문법 심화 훈련을 할 때가 아닙니다. (나중에 다시 만나요~)

그럼 이제부터 본격적인 문법 심화 훈련으로 들어가도록 하겠습니다.

*문법 심화 훈련의 실행 단계1) 꼼꼼하게 문제 분석하기

문법은 원래 세밀한 학문입니다. (제가 꼼꼼한 스타일이 아니라서 대학교 때 문법 공부하느라 고생 많이 했습니다. 그때 갑자기 생각하니 눈물이 나네요.) 따라서 문법을 잘하기 위해서는 문법 제시문을 꼼꼼하게 분석해서 보는 습관을 길러야 합니다. 그런데 학생들이 의외로 꼼꼼하게 보는 방법을 잘 모르더군요. 그래서 그 방법을 소개하고자 합니다.

① 제 1법칙: (조건을 가진) 대상+(조건을 가진) 환경→결과

문법 현상은 어떠한 대상이 특정한 환경을 만나 어떤 결과를 나타낸다는 공통점을 가지고 있습니다. 이때, 대상이나 환경에 특정한 조건이 부여될 때도 있습니다. 이걸 아래처럼 정리할 수 있어요.

> 대상: 변하는 대상
> 결과: 대상이 변한 결과
> 환경: 대상을 변화시키는 것
> 조건: 대상과 환경을 한정시키는 조건

자, 그럼 구개음화의 예를 들어보도록 하지요. 사전에 구개음화를 찾으면 다음과 같이 나옵니다.

*구개음화: ㄷ, ㅌ이 'ㅣ'모음을 만나 ㅈ, ㅊ으로 바뀌는 현상.

여기에서 대상은 ㄷ, ㅌ이 되겠죠. 그리고 환경은 'ㅣ'모음을 만난다는 것

입니다. 결과는 ㅈ, ㅊ으로 바뀐다는 것입니다. 정리하면 이렇게 되겠지요.

구개음화: <u>ㄷ, ㅌ</u> + <u>'ㅣ'모음</u> → <u>ㅈ, ㅊ</u>
　　　　　 대상　　　 환경　　　　 결과

이런 경향은 보통 음운 변동 현상에서 잘 나타납니다. 하지만 꼭 음운 변동 현상에서만 일어나는 건 아니에요. 대상에 변화가 생긴 문법 현상에서는 모두 적용됩니다. 한글맞춤법을 볼까요?

*모음 'ㅗ, ㅜ'로 끝난 어간에 '-아/-어'가 어울려 '와/워'가 될 적에는 준 대로 적는다.

여기에서 대상은 어간입니다. 그리고 조건이 붙었네요. 어간은 어간인데 모음 'ㅗ, ㅜ'로 끝난 어간이랍니다. 환경은 '-아/-어'와 어울린다는 것이 되지요. 그러면 결과로 '와/워'가 됩니다, 그러면 그건 준 대로 적는 다네요. 정리하면 이렇게 되겠지요.

<u>'ㅗ, ㅜ'로 끝난</u> <u>어간</u> + <u>'-아/-어'</u> → <u>'와/워'</u>
　　 조건　　　　　 대상　　　 환경　　　　 결과

이쯤하면 대상, 환경, 조건, 결과에 대한 개념이 정리되겠죠? 간편하게 확인할 수 있도록 알파벳으로 정리하겠습니다.

> (A를 가진) B+(A를 가진) C→D
> A: 조건　　B: 대상　　C: 환경　　D: 결과

〈보기〉의 내용을 이 내용에 대입해 보는 훈련을 거듭하면 〈보기〉를 꼼꼼하게 보는 힘과 분석적으로 볼 수 있는 안목을 기를 수 있습니다.

② 제 2법칙: 대비

대비의 정확한 개념은 '두 가지의 차이를 밝히기 위하여 서로 맞대어 비교함'입니다 다른 영역도 그렇지만 특히 문법에서는 이 대비를 통해 해결할 수 있는 문제가 눈에 띠게 많습니다. 왜냐하면 아까도 언급했듯이 문법은 세밀한 학문이기 때문인데요. 문법학자들은 아주 작은 부분의 차이 때문에 발생하는 현상에 관심이 많습니다. 그렇기 때문에 작은 차이를 확인해야만 풀 수 있는 '대비'를 이용한 문제가 많이 출제될 수밖에 없습니다. 예를 들어보죠.

> 단모음으로 끝나는 어간과 단모음으로 시작하는 어미가 결합하면 모음의 변동이 자주 일어난다. 모음 변동의 결과 두 개의 단모음 중 하나가 없어지기도 하고, 두 개의 단모음이 합쳐져 이중 모음이 되기도 하며, 단모음 사이에 반모음이 첨가되기도 한다.

제 1법칙을 우선 적용해서 분석해 봅시다.

> <u>단모음으로 끝나는</u> <u>어간</u> + <u>단모음으로 시작하는</u> <u>어미</u> → <u>모음 변동</u>
> 　　조건　　　　대상　　　　　조건　　　　환경　　　결과

이제 제 2법칙입니다. 일단 대비를 통해 모음 변동의 양상을 정리하지요. 대비는 조건, 대상, 환경, 결과에서 모두 일어나는데요. 여기에서는 결과(모음 변동)에서 차이가 발생합니다. 따라서 모음 변동의 차이점을 중심으로 내용을 정리합니다.

> 모음 변동
> ① 두 개의 단모음 중 하나가 없어짐.
> ② 두 개의 단모음이 합쳐져 이중모음이 됨.
> ③ 단모음 사이에 반모음이 첨가됨.

이런 식으로 문제를 보는 것을 '꼼꼼하게 분석한다.'라고 합니다. 여러분은 이렇게 꼼꼼하게 분석하는 훈련을 해야 합니다. 그래야 문법 문제의 출제 의도가 보입니다.

*문법 심화 훈련의 단계2) 문제 풀이

*세부 단계❶) 문제 풀기
–문제 풀이의 법칙: 대응

대응은 '어떤 두 대상이 주어진 관계에 의하여 서로 짝이 되는 일'을 의미합니다. 문법 영역에 대응을 이용한 문제가 많은 이유 역시 문법의 학문적 특징에서 찾을 수 있는데요. 문법에는 여러 규칙이 많습니다. 그리고 그 규칙에는 많은 예들이 따르지요. 규칙과 예시 간의 대응 양상은 세밀한 차이('앞말이 자음이냐 모음이냐' 뭐 이런 정도의 세밀한 차이)로 인해 대응되기 하고 어긋나기도 합니다.

2015학년도 수능 A형 문제로 예를 들어보겠습니다.

문제) 다음의 ⓐ에 해당하는 것을 ㉠~㉣ 중에서 고른 것은?

> [모음의 변동]
> 단모음으로 끝나는 어간과 단모음으로 시작하는 어미가 결합하면 모음의 변동이 자주 일어난다. 모음 변동의 결과 두 개의 단모음 중 하나가 없어지기도 하고, ⓐ두 개의 단모음이 합쳐져 이중 모음이 되기도 하며, 단모음 사이에 반모음이 첨가되기도 한다.
> [모음 변동의 사례]
>
> ㉠ 기 +어 → [기여]
> ㉡ 살피 + 어 → [살펴]
> ㉢ 배우 + 어 → [배워]
> ㉣ 나서 + 어 → [나서]
>
> ① ㉠, ㉡   ② ㉠, ㉢
> ③ ㉡, ㉢   ④ ㉡, ㉣
> ⑤ ㉢, ㉣

앞에서 분석한 내용입니다. 다시 한 번 제시합니다. 제 1법칙에 따라 이렇게 분석됩니다.

단모음으로 끝나는 어간 + 단모음으로 시작하는 어미 → 모음 변동
조건　　　　대상　　　　　조건　　　환경　　　결과

그리고 제 2법칙에 따라 이렇게 분석됩니다.

모음 변동

① 두 개의 단모음 중 하나가 없어짐.

② 두 개의 단모음이 합쳐져 이중모음이 됨.

③ 단모음 사이에 반모음이 첨가됨.

이제 선택지(여기에서는 모음변동의 사례)를 대비시킨 결과에 대응시켜야 합니다.

㉠ [기여]를 풀어보면 '기+이(반모음)+어'가 되므로 ③에 대응함.

㉡ 'ㅣ+ㅓ → ㅕ'이므로 ②에 대응함.

㉢ 'ㅜ+ㅓ → ㅝ'이므로 ②에 대응함.

㉣ '어'가 탈락되었으므로 ①에 대응함.

　따라서 정답은 ㄴ, ㄷ(③)임.

문제를 풀 때마다 이 과정을 노트에 옮겨 적으라는 말은 아닙니다. 문제 풀 때, 이런 식의 사고 과정을 거쳐서 문제를 푸는 훈련을 하라는 것을 강조하고 싶습니다.

*세부 단계❷) 채점하기

정답을 확인합니다. 맞으면(아직 기뻐하지 마세요.) 해답지를 확인합니다. 자신의 풀이가 맞는지 확인하고 풀이까지 맞는지 확인합니다. (풀이까지 맞으면 기뻐해도 됩니다.) 그러나 틀린 문제(혹은 찍어서 맞은 문제)는 따로 정리할 필요가 있습니다. 채점을 하고난 후 해답지를 바로 보지 말고(되도록 답도 체크하지 말고 틀렸다는 것만 확인하세요.) 오답 노트에 문제를 분석한 내용과 풀이 과정을 꼼꼼하게 정리해봅니다. 오답 노트를 작성할 필요가 있는 문제만 4단계를 진행합니다.

*문법 심화 훈련의 단계3) 오답 노트 작성

어떤 학생이 2015학년도 B형 수능 기출문제를 푼다고 가정하고 그 학생의 사고 과정을 풀어보는 것으로 예를 대신하겠습니다.

문제) 〈보기〉의 표준 발음 자료를 탐구한 내용으로 적절하지 않은 것은?

> 표준 발음법 제8항 받침소리로는 'ㄱ, ㄴ, ㄷ, ㄹ, ㅁ, ㅂ, ㅇ'의 7개 자음만 발음한다.
> 해설 이 조항은 ⓐ받침 발음의 원칙을 규정한 것이다. 어말이나 자음 앞에서 모든 받침은 제시된 7개의 자음 중 하나로만 발음할 수 있을 뿐이다. 이 원칙을 지키기 위해 두 가지 음운 변동이 적용된다. 하나는 ㉠자음이 탈락되는 것이고 다른 하나는 ㉡자음이 다른 자음으로 교체되는 것이다.

> 표준 발음 자료
> 읽다[익따], 옮는[옴:는], 닦지[닥찌], 읊기[읍끼], 밟는[밤:는]

① '읽다[익따]'는 ⓐ를 지키기 위해 ㉠이 적용되었다.
② '옮는[옴:는]'은 ⓐ를 지키기 위해 ㉠이 적용되었다.
③ '닦지[닥찌]'는 ⓐ를 지키기 위해 ㉡이 적용되었다.
④ '읊기[읍끼]'는 ⓐ를 지키기 위해 ㉠, ㉡이 적용되었다.
⑤ '밟는[밤:는]'은 ⓐ를 지키기 위해 ㉠, ㉡이 적용되었다.

일단 제 1법칙을 적용해서 받침 발음의 원칙을 정리해보자.

받침 + 어말이나 자음 → 7개의 자음 중 하나로만 발음한다.
대상   환경   결과

다음은 제 2법칙! 처음엔 대비였지?

받침 발음의 원칙을 적용하기 위해서  ㉠ 자음 탈락 을(를) 한다.
㉡ 자음 교체

: 차이점

탈락과 교체, 이제 대비의 포인트구나. 이제 대응시키면 끝이네.

---

① '읽다[익따]'는 'ㄹ'이 탈락했으므로 ㉠에 대응됨.

② '옳는[옴:는]'은 'ㄹ'이 탈락했으므로 ㉠에 대응됨.

③ '닦지[닥찌]'는 'ㄲ'이 'ㄱ'으로 교체됐으므로 ㉡에 대응됨.

④ '읊기[읍끼]'는 'ㄹ'이 탈락했으므로 ㉠에 대응됨, 'ㅍ'이 'ㅂ'으로 교체됐으므로 ㉡에 대응됨.

⑤ '밟는[밤:는]'은 'ㄹ'이 탈락했으므로 ㉠에 대응됨. 'ㅂ'은 'ㅁ'으로 교체됐으므로 ㉡에 대응됨.

응? 뭐야? 다 대응되잖아? ㅠㅠ

때로는 이런 황당하고 억울한 풀이 결과가 나오기도 합니다. 그러면 문제를 틀릴 수밖에 없습니다. (맞았다고 하더라도 운이 좋았던 거겠죠.) 그러나 이런 식의 잘못된 풀이는 굉장한 의미를 가집니다. 분석이 꼼꼼하게 잘 되어 있기 때문이죠. 이 정도의 풀이를 하고 해답지를 보면 자신이 모자란 부분을 확실히 확인할 수 있죠. 정확한 풀이는 다음과 같습니다.

---

⑤ '밟는[밤:는]'은 'ㄹ'이 탈락했으므로 ㉠에 대응됨. 그러나 'ㅂ'은 뒤의 'ㄴ'과 동화되어 'ㅁ'이 되었으므로 ㉡과는 모두와 대응되지 않음.

그러므로 답은 ⑤

사실 이 문제의 경우 음운 변동 현상의 기본 개념인 '탈락, 동화, 교체, 첨가'의 개념을 알아야 풀 수 있는 까다로운 문제였습니다. 이런 풀이를 하는 훈련을 반복하면 문법을 꼼꼼하게 풀 수 있는 실력을 가지게 될 뿐만 아니라 여러분 스스로 모자란 부분을 확인할 수 있을 있지요. (이 학생의 경우에는 '아, 내가 동화의 개념을 몰랐구나. 음운 변동 현상을 다시 정리해야겠어.'라고 생각하겠죠.) 왜 하루에 2문제만 하는지 알겠죠? 맞을 경우에는 빨리 끝날 수도 있지만 틀릴 경우에는 정리할 게 많기 때문입니다.

'제1, 2법칙을 통해 문제를 꼼꼼하게 분석하고, '대응'을 통해 문제를 풀고, 틀린 문제는 오답 노트를 작성하고, 몰랐던 개념을 다시 공부합니다.'

이 방식만 잘 따르는 훈련을 하면 문법 만점을 받을 수 있는 날이 머지않아 올 거라 믿어 의심치 않습니다.

여기서 **잠깐!**　분석이 필요 없는 문법 문제

굳이 분석할 필요가 없는 문제도 물론 존재합니다.

2014학년도 수능 B형 기출문제 같은 문제는 말이지요. 여기서는 그 문제의 일부만 제시합니다.

문제) 〈보기〉의 ㉠~㉤에 대한 설명으로 적절하지 않은 것은?

> <보기>
>
> 선생님: 안녕? 어, 손에 들고 있는 그거 뭐니?
> 학　생: 네, 중생대 공룡에 관한 책이에요. 할아버지께서는 제 생일마다 책들을 사 주셨는데, ㉠이것도 ㉡그것 중 하나예요.

① ㉠은 대화 상황에서 눈에 보이는 대상, 곧 학생이 들고 있는 책을 가리킨다.
② ㉡은 앞서 언급한 대상, 곧 할아버지께서 사 주신 책들을 가리킨다.

이런 문제의 경우 지시어의 개념만 알면 충분히 풀 수 있는 문제이기 때문에(사실은 한국인이라면 풀 수 있는 문제이지요.) 특별한 분석이 필요하지 않습니다. 이런 문제는 굳이 법칙을 적용하려고 낑낑대지 말고 과감하게 풀고 넘어가면 됩니다. (그런데 이렇게 쉬운 지시어문제가 자주 출제되었습니다. 놀랍게도! 그러니까 겁먹지 말고 파이팅 합시다.)

문학

현대시

> 현대시 심화 훈련의 실행 단계
>
> 실행 단계1) 지문 분석
> 실행 단계2) 문제 풀이
> 실행 단계3) 오답 노트 작성 및 개념 정리

*현대시 심화 훈련의 준비 단계) 상태 점검

기본 훈련을 성실하게 이행해서 현대시 독해력에 자신감이 생겼다는 생각이 들면 심화 훈련을 시작합니다. 대신 먼저 확인해야 할 것이 있습니다. 바로 '개념'입니다. 현대시 지문에서 적어도 한 문제는 항상 개념과 관련된 유형으로 구성되어 있습니다. (현대시 유형은 다음 단계에서 소개할게요.) 따라서 현대시에서 사용되는 개념 정리가 어느 정도는 되어 있어야 합니다. 여기에서도 '어느 정도'가 어느 정도인지를 확인해 두는 게 중요할 것 같네요. 결론부터 말하자면 개념의 정의를 말할 수 있는 정도가 '어느 정도'입니다. 좀 더 알아보죠.

문학에서 '개념을 안다.'는 것은 두 가지의 의미가 있습니다. 첫 번째는 특정 개념에 대한 '정의'를 안다는 것이고 두 번째는 본문의 내용에 개념을 '적용'할 줄 안다는 것입니다. 후자(개념의 적용)는 심화 훈련을 진행하면서 다듬어가게 될 것이지만 전자(개념의 정의)는 기본 훈련에서 해야 할 공부입니다. 조금 더 자세한 설명을 위해서 기출문제의 선택지로 예를 들어 보겠습니다. 여러분도 점검해 보세요.

2014년도 9월 B형 현대시 첫 번째 문제의 선택지입니다.

문제) (가), (나)의 공통점으로 가장 적절한 것은?

① 공간의 이동을 통해 시상을 전개하고 있다.

② 수미상관의 구조를 통해 주제를 강조하고 있다.

③ 어순의 도치를 통해 상황의 긴박감을 표현하고 있다.

④ 흑백의 대비를 통해 회화적 이미지를 강화하고 있다.

⑤ 가상의 상황을 통해 자기반성의 태도를 보여 주고 있다.

네모 표시된 것들이 기본 개념입니다. 이것들의 정의를 말할 수 있어야 합니다. 매끄럽게 설명하지 못해도 어떤 개념인지는 더듬거리면서라도, 예를 들어서라도 말할 수 있어야 합니다. ('공간의 이동이란 화자의 위치가 변하는 것을 의미한다.'처럼 말이죠.) 만약 이 중 2개 이상을 모른다면 개념의 정의를 따로 공부하고 다시 돌아오기 바랍니다.

개념 공부 방법은 이렇습니다. 기출문제 중 개념 관련 문제의 선택지를 펼칩니다. (동일한 설명을 덧붙이시 않아도 쉽게 찾을 수 있을 십니다. 위의 네와 비슷하게 생긴 선택지를 가진 문제인데 대부분 지문의 첫 번째 문제예요.) 그리고 개념이라고 생각되는 부분에 모두 네모를 칩니다. 그리고 그것들에 대한 정의를 인터넷이든 참고서든 선생님에게 질문해서든 찾아서 정리합니다. 5개년의 기출문제로 3번 정도 돌려보면 개념 정리를 끝낼 수 있을 겁니다. (시간이 없다면 개념 관련 인강이나 수업, 참고서를 이용해도 됩니다만 되도록 스스로 하는 것을 권합니다.)

*현대시 심화 훈련의 단계1) 지문 분석

기본 훈련에서 쌓아왔던 지문 분석 능력을 발휘할 때가 왔습니다. 시적 화자, 시적 대상, 상황, 정서, 태도 등을 정리하면서 시의 주제를 꼼꼼하게 파악합니다.

자세한 내용은 기초 훈련을 참고하세요.

*현대시 심화 훈련의 단계2) 문제 풀이

*세부 단계❶) 유형별 문제 풀기

지금부터 현대시 문제의 유형을 정리하겠습니다. 유형을 막론하고 키워드를 찾고 근거를 찾는다는 큰 틀은 같습니다만 근거가 되는 부분은 유형에 따라 다릅니다. 먼저 각각 유형을 정리하고 개별 유형을 해결할 수 있는 훈련법을 제시하겠습니다.

현대시 문제의 유형

㉮ 개념 적용
㉯ 세부 내용 파악 – 특정 시어, 시구, 행, 연과 관련
㉰ 〈보기〉를 통한 감상

---

*유형㉮) 개념 적용

이 유형은 문학 개념을 적용할 수 있는지를 파악하는 문제입니다. 보통 표현상 특징을 묻는 형태로 출제되는데요, 준비 단계에서 개념에 대한 정의를 모두 설명할 수 있을 때 심화 훈련을 시작하라고 했던 것도 바로 이 문제 유형을 해결하기 위해서라고 볼 수 있지요. 앞에서 '개념을 안다'라는 것에 대한 정의를 내렸습니다. 이 문제를 해결하기 위해서는 '개념'의 두 번째의 정의 즉 개념을 적용할 줄 아는 능력이 필요합니다. 만약 '공간의 이동을 통해 시상을 전개하고 있다.'라는 선택지가 있다고 가정합시다. '공간의 이동이란 ○○이다'라고 설명할 수 있는 것은 기초 훈련에서 끝내는 것이고 '이 작품에서 공간의 이동은 ○○에서 드러난다.'라는 근거를 찾을 수 있는 능력을 기르는 것은 심화 훈련에서 해야 할 일이라는 것이지요. 따라서 이 유형은 선택지에 드러난 개념이 작품의 어느 부분에 적용되었는지를 찾는 것을 목표로 훈련을 진행합니다.

여기에서 강조하고 싶은 것이 있는데요. 선택지의 개념이 드러난 부분을 찾기 위해서 무엇을 고려해야 하는지를 인식하면서 근거를 찾으라는 것입니다. 예컨대 시에서 공간의 이동이 드러난다는 것은 화자의 위치가 변해야 한

다는 것이지요. 그렇다면 선택지에 '공간의 이동'이라는 말이 나오면 가장 먼저 화자의 위치를 찾아야 한다는 사실을 인식하라는 말입니다. 또 설의법이라는 것은 의문형 문장이 나와야 성립이 됩니다. 따라서 '설의법'이라는 말이 나오면 가장 먼저 물음표나 의문형 어미를 찾아야 된다는 것을 알아야 합니다. 이런 걸 정리하면서 문제 풀이를 하면 나름대로의 노하우를 만들 수 있습니다.

*유형㉮ 해결) 시어가 곧 근거!

예를 통해서 해결 방법을 정리하도록 하겠습니다.

2015학년도 수능 A형입니다.

나무는 자기 몸으로 / 나무이다. / 자기 온몸으로 나무는 나무가 된다.
자기 온몸으로 헐벗고 영하 십삼 도 / 영하 이십 두 지상에
온몸을 뿌리박고 대가리 쳐들고 / 무방비의 나목(裸木)으로 서서
두 손 올리고 벌 받는 자세로 서서
아 벌 받은 몸으로, 벌 받는 목숨으로 기립하여, 그러나
이게 아닌데 이게 아닌데 / 온 혼으로 애타면서 속으로 몸 속으로 불타면서
버티면서 거부하면서 영하에서 / 영상으로 영상 오 도 영상 십삼 도 지상으로
밀고 간다, 막 밀고 올라간다
온몸이 으스러지도록 / 으스러지도록 부르터지면서
터지면서 자기의 뜨거운 혀로 싹을 내밀고 / 천천히, 서서히, 문득, 푸른 잎이 되고
푸르른 사월 하늘 들이받으면서 / 나무는 자기의 온몸으로 나무가 된다.
아아, 마침내, 끝끝내 / 꽃피는 나무는 자기 몸으로 / 꽃피는 나무이다.

황지우, 「겨울-나무로부터 봄-나무에로」

문제) 윗글의 표현상 특징에 대한 설명으로 가장 적절한 것은?

① 말을 건네는 방식을 통해 대상과의 친밀감을 높이고 있다.
② 반복과 점층적 표현으로 대상의 역동적 측면을 드러내고 있다.
③ 근경에서 원경으로 시선을 이동하면서 대상을 포착하고 있다.
④ 토속어를 통해 화자의 자연 친화적인 태도를 보여주고 있다.
⑤ 의성어와 의태어를 구사하여 화자의 심정을 선명하게 제시하고 있다.

*단계 1) 선택지 키워드 찾기

선택지에 있는 키워드를 찾아야 합니다. 키워드에 네모 칩니다.

① 말을 건네는 방식을 통해 대상과의 친밀감을 높이고 있다.
② 반복과 점층적 표현으로 대상의 역동적 측면을 드러내고 있다.
③ 근경에서 원경으로 시선을 이동하면서 대상을 포착하고 있다.
④ 토속어를 통해 화자의 자연 친화적인 태도를 보여주고 있다.
⑤ 의성어와 의태어를 구사하여 화자의 심정을 선명하게 제시하고 있다.

*단계 2) 키워드의 근거 찾기

이제 키워드에 해당하는 근거를 찾아야 합니다. 여기에서 근거란 키워드가 맞는(혹은 틀린) 이유를 찾는 것을 말합니다. 이 유형의 근거는 대개 시어에서 찾을 수 있습니다.

① 말을 건네는 방식을 통해 대상과의 친밀감을 높이고 있다.

말 건네는 방식이 드러났는지를 확인하기 위해서는 '청자'가 설정되어 있는지를 살펴야 합니다. 이 시에서는 청자를 따로 설정하지 않았기 때문에 말을 건네는 방식이 사용되지 않았다고 말할 수 있습니다. 다시 말하면 '청자가 따로 설정되어 있지 않다'는 것이 근거가 되는 것이지요. 이걸 아래처럼 간단하게 정리할 수 있습니다.

　-말을 건네는 방식: 청자 없음.

② 반복과 점층적 표현으로 대상의 역동적 측면을 드러내고 있다.
　-반복: '나무는~나무이다.' '나무는 ~나무가 된다.'
　-점층: 밀고 간다, 막 밀고 올라간다.
　-대상의 역동적 측면: 나무가 올라가는 모습은 역동적인 측면임.
따라서 ②가 정답.

③ 근경에서 원경으로 시선을 이동하면서 대상을 포착하고 있다.

—근경에서 원경으로의 시선 이동: 화자의 시선 이동 없음.

④ 토속어를 통해 화자의 자연 친화적인 태도를 보여주고 있다.
—토속어: 사투리 없음.

⑤ 의성어와 의태어를 구사하여 화자의 심정을 선명하게 제시하고 있다.
—의성어와 의태어 구사: 의성어와 의태어 없음.

이렇게 근거를 꼼꼼히 찾는 훈련을 해야 합니다. 그리고 근거를 선택지에 표시하는 훈련도 병행해야 합니다. 그래야 해답지를 보고 정확하게 근거를 찾았는지를 확인할 수 있기 때문입니다. 간단하게라도 그러니까 본문에서 찾을 수 없는 것은 X표시하거나 근거가 되는 본문에 밑줄 쳐서 키워드와 연결하는 정도라도 적어두는 습관을 기르기 바랍니다.

만약 근거를 찾지 못했다 하더라도 해답지를 바로 찾아보지 말고 되도록 스스로 찾아보려고 계속 고민하기 바랍니다. 정 못 찾겠으면 그만 두고 2~3시간 뒤에 다시 보세요. 그러면 보이는 경우도 있습니다. 이렇게 스스로 고민해서 근거를 찾는 훈련을 해야 만족도를 얻을 수 있고 정확하게 개념을 적용하는 능력도 기를 수 있습니다.

여기서 잠깐! 키워드 간의 연관성 고려하기

②를 보면 키워드가 두 개입니다. (물론 다른 선택지도 모두 키워드가 2개씩입니다.) 첫 번째 키워드의 근거는 시어(시구)를 통해 확인합니다. 여기에서는 반복은 '나무는~나무이다.' '나무는 ~나무가 된다.' 점층은 '밀고 간다/ 막 밀고 올라간다.'에서 확인할 수 있었지요.

두 번째 키워드의 근거는 첫 번째 키워드 및 근거와의 연관성을 고려해야 합니다. 즉, '반복과 점층적 표현'으로 '대상의 역동적 측면'을 드러내야 정답이 되는 것이지요. 이 문제에서는 대상인 '나무'가 밀고 가는 모습을 역동적이라고 볼 수 있으므로 이 선택지가 정답이 되는 것입니다. 정리하면

첫 번째 키워드의 근거는 시어(시구)에서 찾고

두 번째 키워드의 근거는 첫 번째 키워드 및 근거와의 연관성으로 찾는다.

는 겁니다. 비단 이 문제뿐만 아니라 요즘 개념 적용 유형의 선택지는 두 개의 키워드로 구성된 것이 대부분이니 꼭 알아두기 바랍니다.

*유형④) 세부 내용 파악

이 유형은 특정 시어나 시구의 상징적 의미 혹은 특정한 연이나 행의 해석에 대해 묻는 유형입니다. 보통 ㉠, ⓐ, [A]와 같은 기호나 밑줄을 붙여서 출제되지요. 2~3작품을 세트로 묶어 소재의 의미나 기능을 비교하는 형태로 출제되기도 합니다.

이 유형은 밑줄 친 대상의 문맥적 의미를 파악하는 것이 중요합니다. 일단 시를 해석하고 난 후에 밑줄이 그어진 부분과 그 앞부분, 뒷부분을 꼼꼼하게 읽으면서 선택지와 비교합니다.

*유형④ 해결) 문맥적 의미가 근거!

예를 통해 보도록 하지요.

2015학년도 6월 평가원 A형입니다.

　　　┌ **너무도 여러 겹의 마음을 가진**
[A]　│ 그 복숭아나무 곁으로
　　　└ 나는 왠지 가까이 가고 싶지 않았습니다
　　　┌ 흰 꽃과 분홍 꽃을 나란히 피우고 서 있는 그 나무는 아마
[B]　│ 사람이 앉지 못할 그늘을 가졌을 거라고
　　　└ **멀리로 멀리로만** 지나쳤을 뿐입니다
　　　┌ 흰 꽃과 분홍 꽃 사이에 **수천의 빛깔**이 있다는 것을
[C]　│ 나는 그 나무를 보고 멀리서 알았습니다
　　　└ **눈부셔 눈부셔** 알았습니다
　　　┌ **피우고 싶은 꽃빛**이 너무 많은 그 나무는
[D]　│ 그래서 외로웠을 것이지만 외로운 줄도 몰랐을 것입니다
　　　└ 그 여러 겹의 마음을 읽는 데 참 오래 걸렸습니다

문제) [A]~[E]에 대한 이해로 적절하지 **않은** 것은?

① [A]는 대상에 대한 태도가 드러나며 시상이 촉발되는 부분으로, 그중 '너무도 여러 겹의 마음'은 화자가 대상에 대해 거리감을 가지게 되는 이유를 나타낸다.

② [B]는 대상에 대한 감정이 행동으로 구체화되는 부분으로, 그중 '멀리로 멀리로만'은 화자가 대상을 피하고 있음을 강조한다.

③ [C]는 대상에 대한 인식이 전환되는 부분으로, 그중 '눈부셔 눈부셔'는 화자가 깨달음을 얻는 과정에서 '수천의 빛깔'을 발견하는 순간을 강조한다.

④ [D]는 대상에 대한 새로운 이해가 나타나는 부분으로, 그중 '피우고 싶은 꽃빛'은 화자가 외로움을 이겨낸 상황을 나타낸다.

⑤ [E]는 대상에 대한 깨달음 이후의 상황이 나타나는 부분으로, 그중 '조금은 심심한 얼굴'은 화자가 가까이에서 발견한 대상의 또 다른 모습으로 나타낸다.

*단계 1) 선택지의 키워드 찾기

키워드를 찾아서 네모합니다.

① [A]는 대상에 대한 태도가 드러나며 시상이 촉발되는 부분으로, 그중 '너무도 여러 겹의 마음'은 화자가 대상에 대해 거리감을 가지게 되는 이유를 나타낸다.

② [B]는 대상에 대한 감정이 행동으로 구체화되는 부분으로, 그중 '멀리로 멀리로만'은 화자가 대상을 피하고 있음을 강조한다.

③ [C]는 대상에 대한 인식이 전환되는 부분으로, 그중 '눈부셔 눈부셔'는 화자가 깨달음을 얻는 과정에서 '수천의 빛깔'을 발견하는 순간을 강조한다.

④ [D]는 대상에 대한 새로운 이해가 나타나는 부분으로, 그중 '피우고 싶은 꽃빛'은 화자가 외로움을 이겨낸 상황을 나타낸다.

⑤ [E]는 대상에 대한 깨달음 이후의 상황이 나타나는 부분으로, 그중 '조금은 심심한 얼굴'은 화자가 가까이에서 발견한 대상의 또 다른 모습으로 나타낸다.

*단계 2) 키워드의 근거 찾기

이 유형의 근거는 문맥적 의미를 통해서 찾아야 합니다. 해당하는 시어와 그에 해당하는 문맥적 의미를 파악해서 선택지와 대응시키는 훈련을 합니다.

① [A]는 대상에 대한 태도가 드러나며 시상이 촉발되는 부분으로, 그중 '너무도 여러 겹의 마음'은 화자가 대상에 대해 거리감을 가지게 되는 이유를 나타낸다.

복숭아나무에 가까이 가지 않고 싶다는 걸 보면 대상에 대해 부정적인 태도를 취하는 것을 알 수 있습니다. 그리고 [A]는 1연이니까 당연히 시상이 촉발되는 부분이겠죠. 마지막으로 너무도 여러 겹의 마음을 가진 그 복숭아나무 곁으로 가까이 가지 않고 싶다는 내용을 통해 화자가 복숭아나무에 거리감을 가지는 이유는 '너무도 여러 겹의 마음'을 가지고 있기 때문이라는 것을 알 수 있지요. 간단하게는 정리하면 아래와 같습니다.

－대상에 대한 태도: '나는 왠지 (복숭아나무에) 가까이 가고 싶지 않았습니다.'를 통해 부정적 태도 확인.

－시상의 촉발: [A]는 1연이자 시작 부분.

－대상에 대한 거리감을 가지게 되는 이유: '너무도 여러 겹의 마음을 가진 그 복숭아나무'에 가까이 가지 않으려 함.

② [B]는 대상에 대한 감정이 행동으로 구체화되는 부분으로, 그중 '멀리로 멀리로만'은 화자가 대상을 피하고 있음을 강조한다.

－대상에 대한 감정: '지나쳤을 뿐입니다.'를 통해 부정적 감정 확인.

－행동으로 구체화: '지나쳤을 뿐입니다.'와 대응.

–화자가 대상을 피하고 있음을 강조: '멀리로 멀리로만'과 대응.

③ [C]는 대상에 대한 인식이 전환 되는 부분으로, 그중 '눈부셔 눈부셔'는 화자가 깨달음을 얻는 과정에서 '수천의 빛깔'을 발견하는 순간을 강조 한다.
　–대상에 대한 인식 전환: 수천의 빛깔이 있다는 것을 알게 되고 긍정으로 전환.
　–화자의 깨달음: '알았습니다'와 대응.
　–수천의 빛깔을 발견하는 순간을 강조: '알았습니다'와 '눈부셔'를 반복함.

④ [D]는 대상에 대한 새로운 이해 가 나타나는 부분으로, 그중 '피우고 싶은 꽃빛'은 화자가 외로움을 이겨낸 상황 을 나타낸다.
　–대상에 대한 새로운 이해: 나무의 외로움을 알게 됨, 여러 겹의 마음을 읽음.
　–화자가 외로움을 이겨낸 상황: '그 나무는 그래서 외로웠을 것이지만'과 대응되지 않음(나무의 외로움이지 '화자의' 외로움이 아님.)
　따라서 정답은 ④.

⑤ [E]는 대상에 대한 깨달음 이후의 상황 이 나타나는 부분으로, 그중 '조금은 심심한 얼굴'은 화자가 가까이에서 발견한 대상의 또 다른 모습 으로 나타낸다.
　–대상에 대한 깨달음 이후의 상황: 복숭아나무 그늘(복숭아나무 가까이)에 있음.
　–화자가 가까이에서 발견한 대상의 또 다른 모습: 복숭아나무 그늘(복숭아나무 가까이)에서 발견한 '조금은 심심한 얼굴'은 처음 드러난 나무의 속성이므로 처음 발견한 모습임.

　※

이 유형의 문제에서 판단의 근거는 항상 작품 안에 있습니다. 선택지가 왜 맞는지(혹은 왜 틀렸는지) 확인할 수 있는 근거를 본문에서 찾아 간단하게 적어두는 훈련을 합니다.

*유형㉑) 〈보기〉를 통한 감상

　〈보기〉는 작가와 관련된 이야기나 당시의 사회적 배경, 혹은 시 작품에 대한 평론 등으로 구성됩니다. 출제자가 이 유형을 출제할 때 가장 신경 쓰는 점은 바로 〈보기〉와 본문과 선택지, 이 세 가지 사이의 연관성입니다. 이 세 가지가 긴밀하게 연관될 수 있도록 선택지를 구성하는 것이 이 유형의 포인트입니다. 수험생의 입장에서 본다면 〈보기〉가 제시되었다는 것은 선택지의 근거를 찾아야할 대상이 하나 더 늘어난 것이라고 볼 수 있습니다. 하지만 달리 생각하면 이것을 출제자의 시선으로 시를 해석할 수 있는 힌트라고 볼 수도 있지요. (좋게 생각합시다.)

　좀 구체적으로 말해볼게요. 이 유형은 앞의 두 유형과 혼합되어 출제되기도 하는데요. 예컨대 〈보기〉에 작품에 대한 평론을 제시하고 유형2처럼 특정 시어에 대한 문맥적 의미를 묻는 문제로 출제됩니다. 이러면 우리가 고려해야 할 문맥이 유형2에 비해 하나 더 많아진 것으로 볼 수 있겠습니다. 하지만 이것을 좋게 생각하면 문맥적 해석의 힌트가 제시된 것이라고 볼 수도 있다는 거지요. (긍정적인 사고방식!)

*유형㉑ 해결) 문맥적 의미도 근거! 〈보기〉도 근거!

　이 유형의 예를 들어보겠습니다.

　2014학년도 수능 B형입니다.

외로이 흘러간 한 송이 구름 / 이 밤을 어디메서 쉬리라던고. //
성긴 빗방울 / 파초잎에 후두기는 저녁 어스름 //
창 열고 푸른 산과 / 마주 앉아라. //
들지도 싫지도 않은 물소리기에 / 날마다 바라도 그리운 산아. //
온 아침 나의 꿈을 스쳐간 구름 / 이 밤을 어디메서 쉬리라던고.

　　　　　　　　　　　　　　　　　-조지훈, 「파초우(芭蕉雨)」

문제) 〈보기〉를 참고하여 (가)를 이해한 내용으로 적절하지 <u>않은</u> 것은?

<보기>

〈파초우〉는 조지훈이 스스로 '방랑시편'이라고 했던 작품들 중의 하나이다. 이 작품의 화자는 자연을 떠돌면서 자연과 교감하는 자로, 저녁에도 소리를 매개로 자연과 교감하면서 자신을 성찰한다. 그의 이런 태도는 자연과 하나가 되려는 것이지만, 현실에서 벗어나 자연에 은둔하려는 것이기도 하다.

① 제1연: '이 밤을 어디메서 쉬리라던고'는 화자가 '한 송이 구름'에 방랑자로서의 자신의 심정을 투영하고 있음을 보여 준다.

② 제2연: '성긴 빗방울'이 '후두기는' 소리가 '저녁 어스름'과 어우러져, 화자의 성찰이 이루어지는 배경이 감각적으로 제시된다.

③ 제3연~제4연: 화자가 '푸른 산'을 대하는 태도에서 화자가 자연 세계를 지향하고 있음이 잘 드러난다.

④ 제4연: '들어도 싫지 않은 물소리'는 화자와 자연과의 교감이 자연의 소리를 통해 지속 되고 있음을 나타낸다.

⑤ 제5연: '어디메'는 자연 세계를 방랑하는 화자가 벗어나고자 했던 현실 공간을 가리킨다.

*단계 ①) 선택지의 키워드 찾기

키워드를 찾아서 네모 합니다.

① 제1연: '이 밤을 어디메서 쉬리라던고'는 화자가 '한 송이 구름'에 방랑자로서의 자신의 심정을 투영하고 있음을 보여 준다.

② 제2연: '성긴 빗방울'이 '후두기는' 소리가 '저녁 어스름'과 어우러져, 화자의 성찰이 이루어지는 배경이 감각적으로 제시된다.

③ 제3연~제4연: 화자가 '푸른 산'을 대하는 태도에서 화자가 자연 세계를 지향하고 있음이 잘 드러난다.

④ 제4연: '들어도 싫지 않은 물소리'는 화자와 자연과의 교감이 자연의 소리를 통해 지속 되고 있음을 나타낸다.

⑤ 제5연: '어디메'는 자연 세계를 방랑하는 화자가 벗어나고자 했던 현실 공간을 가리킨다.

*단계 ②) 키워드의 근거 찾기

이 유형의 근거는 문맥적 의미에도, 〈보기〉에도 있습니다. 선택지와 문맥적 의미 그리고 선택지와 〈보기〉 사이의 관계를 연결시키면서 근거를 찾는 훈련을 합니다.

① 제1연: '이 밤을 어디메서 쉬리라던고'는 화자가 '한 송이 구름'에 방랑자로서의 자신의 심정을 투영 하고 있음을 보여 준다.

화자가 '한 송이 구름'이 '어디메서 쉬리라던고'라고 하는 것은 한 송이 구름이 어디에서 쉴지 모른다는 이야기겠지요. '어디에서 쉴지 모른다'는 것을 떠돈다는 것과 연관 지어 보면 구름의 방랑자적 속성을 발견할 수 있습니다. 또 〈보기〉에서 시인이 이 작품을 '방랑시편'이라고 했다는 사실이나 '화자는 자연을 떠돌면서 자연과 교감하는 자'로 설정했다는 말을 통해서 구름과 화자를 동일하게 볼 수 있는 근거를 발견할 수 있습니다.

화자의 심정(정서)도 찾아보죠. '외로운 한 송이 구름'에서 구름의 정서를 외로움으로 볼 수 있습니다. 화자와 구름을 동일시했다고 했으니까 화자의 정서도 외로움이죠. 이를 다른 말로 바꾸면 화자가 구름에 자신의 정서를 투영한 것이라고 볼 수 있겠네요. 간단하게 정리하면 아래와 같습니다.

–방랑자로서의 화자: 〈보기〉의 '방랑시편', '자연을 떠돌면서'와 대응.

–'한 송이 구름'에 심정 투영: '외로이 흘러간 한 송이 구름'(구름심정=화자심정).

② 제2연: '성긴 빗방울'이 '후두기는' 소리가 '저녁 어스름'과 어우러져, 화자의 성찰이 이루어지는 배경 이 감각적으로 제시 된다.

–화자의 성찰이 이루어지는 배경: 〈보기〉의 '소리를 매개로 자연과 교감하면서 자신을 성찰한다.'와 대응.

–감각적 제시: 후두기는 소리(청각적 이미지)가 저녁 어스름(시각적 이미지)와 어우러져 배경으로 제시됨.

③ 제3연~제4연: 화자가 '푸른 산'을 대하는 태도에서 화자가 자연 세계를 지향하고 있음이 잘 드러난다.

　-자연 세계를 지향함: 〈보기〉의 '자연과 하나가 되려는 것'과 대응.

　-푸른 산과 마주 앉아라(푸른 산=자연세계 / 마주 앉아라=지향).

④ 제4연: '들어도 싫지 않은 물소리'는 화자와 자연과의 교감이 자연의 소리를 통해 지속 되고 있음을 나타낸다.

　-화자와 자연과의 교감이 자연의 소리를 통해 지속: 〈보기〉의 '자연을 떠돌면서 자연과 교감하는 자'와 대응.

　-들어도 싫지 않은(=자연과의 교감) / 물소리(=자연의 소리).

⑤ 제5연: '어디메'는 자연 세계를 방랑하는 화자가 벗어나고자 했던 현실 공간을 가리킨다.

　-화자가 벗어나고자 했던 현실 공간: 〈보기〉의 '현실에서 벗어나 산에 은둔하려는 것'의 내용과 대응.

　-자연 세계를 방랑하는 화자가 벗어나고자 했던 현실 공간: '어디메서 쉬리라던고'에서 '어디메'는 '흰 구름(=화자)'가 쉴 수 있는 공간임. (어디메 ≠ 벗어나고자 했던 현실 공간)

　따라서 정답은 ⑤.

〈보기〉 문제는 〈보기〉와 선택지와의 연관성, 본문(작품)과 선택지와의 연관성을 모두 고려해야하기 때문에, 문제를 풀 때는 까다롭지만 근거가 많아 답은 오히려 명확하게 드러나는 경우가 많습니다. 따라서 연관성을 고려하면서 근거를 찾는 훈련을 지속하면 확신을 가지고 답을 고를 수 있는 능력을 기를 수 있습니다.

*세부 단계❷) 정답 확인
문제를 풀고 나서(선택지에 근거가 적혀 있는 상태여야 합니다.) 바로 정답지를 보지 말고 2~3시간 지난 후에 다시 한 번 훑어봅니다. 잘못된 게 있는지, 실수한 것은 없는지 살펴보세요. 그리고 잘못된 게 있으면 수정합니다.

그러고 난 후 정답을 확인합니다. 그리고 채점하세요. 대신 틀린 것에 정답을 체크하지 않고 틀렸다는 표시만 합니다. 그리고 다시 정답을 찾아봅니다. 그리고 잘못된 것이 있으면 스스로 수정해 봅니다.

이제 해답지를 봅니다. 맞은 문제도 해설까지 맞는지 꼼꼼히 확인합니다. (찍어서 맞은 문제는 오답 노트 행!) 틀린 문제의 경우 채점 후 다시 봤는데도 모르겠는 문제만 오답 노트에 정리합니다. 오답 노트를 작성할 필요가 있는 문제만 3단계를 진행합니다.

*현대시 심화 훈련의 단계3) 오답 노트 작성 및 개념 정리

틀린 문제는 오답 노트를 작성합니다. 찍어서 맞힌 문제도 같이 작성합니다. 일단 먼저 본인이 생각한 근거를 작성하고 해답지와 비교하면서 어떤 부분을 잘못 생각해서 오답이 나왔는지 확인합니다. 만약 개념에 대한 이해가 부족해서 틀린 거라면 개념 정리는 따로 꼼꼼하게 해 둡니다.

현대소설

현대소설 심화 훈련의 실행 단계
실행 단계1) 지문 분석 실행 단계2) 문제 풀이 실행 단계3) 오답 노트 작성 및 개념 정리

*현대소설 심화 훈련의 준비 단계) 상태 점검

기본 훈련에서 인물 관계도를 통한 소설 읽기에 자신감이 생겼다면 심화 훈련을 시작합니다. 하지만 미리 '개념'에 대한 학습 정도를 확인하고 가야 합니다. 시에서도 심화 훈련 전에 개념 이해 정도를 확인하고 시작했는데 소

설도 마찬가지입니다. 개념을 확인하는 방법은 똑같습니다. 다만 소설에서 사용되는 개념은 시와 다른 부분이 있기 때문에 따로 제시합니다.

2014년도 수능 B형의 문제입니다.

문제) 윗글의 서술상 특징으로 가장 적절한 것은?

① 서술자가 개입 하여 앞으로 일어날 사건을 예고하고 있다.
② 대립적인 두 인물 을 배치하여 인물 간 갈등을 구체화 하고 있다.
③ 순간적으로 장면을 전환 하여 사건의 환상적 면모 를 부각하고 있다.
④ 내적 독백 을 활용하여 난관을 극복하고자 하는 의지를 표현하고 있다.
⑤ 인물의 외양을 묘사 하여 인물의 혼란스러운 심리 상태를 드러내고 있다.

이 선택지에 드러난 개념들을 네모로 표시하였습니다. 이것들의 정의를 이야기할 수 있는지 확인합니다. 그리고 만약 이것들 중에 모르는 개념이 3개 이상이라면 개념 학습을 먼저 하고 난 후에 심화 학습 즉, 문제 풀이를 해야 합니다. 개념 이해가 없는 문제 풀이는 단순한 노동에 지나지 않습니다. (개념 학습 방법은 현대시 심화 훈련을 참고하세요.)

*현대소설 심화 훈련의 단계1) 지문 분석

기본 훈련에서 해왔던 대로 지문을 분석합니다.

2014학년도 9월 평가원 A형 문제를 인용하겠습니다.

그의 고객은 왜정 시대는 주로 일본인이었고 현재는 권력층이 아니면 재벌의 셈속에 드는 측들이어야만 했다.

그의 일과는 아침에 진찰실에 나오자 손가락 끝으로 창틀이나 탁자 위를 훑어 무테안경 속 움푹한 눈으로 응시하는 일에서 출발한다.

이때 손가락 끝에 먼지만 묻으면 불호령이 터지고, 간호원은 하루 종일 원장의 신경질에 부대껴야만 한다.

아무튼 단골 고객들은 그의 정결한 결백성에 감탄과 경의를 표해 마지않는다.

1·4후퇴 시 청진기가 든 손가방 하나를 들고 월남한 이인국 박사다. 그는 수복되자 재빨리 셋방 하나를 얻어 병원을 차렸다. 그러나 이제는 평당 오십만 환을 호가하는 도심지에 타일을 바른 이층 양옥을 소유하게 되었다. 그는 자기 전문의 외과

외에 내과, 소아과, 산부인과 등 개인 병원을 집결시켰다. 운영은 각자의 호주머니 셈속이었지만 종합 병원의 원장 자리는 의젓이 자기가 차지하고 있다.

이인국 박사는 양복 조끼 호주머니에서 십팔금 회중시계를 꺼내어 시간을 보았다.

두 시 사십 분!

미국 대사관 브라운 씨와의 약속 시간은 이십 분밖에 남지 않았다. 이 시계에도 몇 가닥의 유서 깊은 이야기가 숨어 있다. 이인국 박사는 시계를 볼 때마다 참말 '기적'임에 틀림없었던 사태를 연상하게 된다.

왕진 가방과 함께 38선을 넘어온 피란 유물의 하나인 시계. 가방은 미군 의사에게서 얻은 새것으로 갈아매어 흔적도 없게 된 지금, 시계는 목숨을 걸고 삶의 도피행을 같이한 유일품이요, 어찌 보면 인생의 반려이기도 한 것이다.

밤에 잘 때에도 그는 시계를 머리맡에 풀어 놓거나 호주머니에 넣은 채로 버려두지 않는다. 반드시 풀어서 등기 서류, 저금통장 등이 들어 있는 비상용 캐비닛 속에 넣고야 잠자리에 드는 것이었다. 거기에는 또 그럴 만한 연유가 있었다. 이 시계는 제국 대학을 졸업할 때 받은 영예로운 수상품이다. 뒤쪽에는 자기 이름이 새겨져 있다.

그 후 삼십 여 년, 자기 주변의 모든 것은 변하여 갔지만 시계만은 옛 모습 그대로다. 주변뿐만 아니라 자기 자신은 얼마나 변한 것인가. 이십 대 홍안을 자랑하던 젊음은 어디로 사라진 것인지 머리카락도 반백이 넘었고 이마의 주름은 깊어만 간다. 일제 시대, 소련군 점령하의 감옥 생활, 6·25 사변, 38선, 미군 부대, 그동안 몇 차례의 아슬아슬한 죽음의 고비를 넘긴 것인가.

'월삼*십칠 석.'

우여곡절 많은 세월 속에서 아직도 제 시간을 유지하는 것만도 신기하다. 시간을 보고는 습성처럼 째각째각 소리에 귀 기울이는 때의 그의 가느다란 눈매에는 흘러간 인생의 축도가 서리는 것이었고, 그 속에서는 각모(角帽)와 쓰메에리(목닫이) 학생복을 벗어 버리고 신사복으로 갈아입던 그날의 감회를 더욱 새롭게 해 주는 충동을 금할 길 없는 것이었다.

(중략)

"아마 소련군이 들어오나 봐요. 모두들 야단법석이에요……."

숨을 헐레벌떡이며 이야기하는 혜숙의 말에 이인국 박사는 아무 대꾸도 없이 눈만 껌벅이며 도로 앉았다. 여러 날째 라디오에서 오늘 입성 예정이라고 했으니 인제 정말 오는가 보다 싶었다.

혜숙이 내려간 뒤에도 이인국 박사는 한참 동안 아무 거동도 못 하고 바깥쪽을 내려다보고만 있었다.

무엇을 생각했던지 그는 움찔 자리에서 일어났다. 그리고는 벽장문을 열었다. 안쪽에 손을 뻗쳐 액자틀을 끄집어내었다.

國語常用(국어*상용)의 家(가).

해방되던 날 떼어서 집어넣어 둔 것을 그동안 깜박 잊고 있었다.

그는 액자를 뒤를 열어 음식점 면허장 같은 두터운 모조지를 빼내어 글자 한 자도 제대로 남지 않게 손끝에 힘을 주어 꼼꼼히 찢었다.

이 종잇장 하나만 해도 일본인과의 교제에 있어서 얼마나 떳떳한 구실을 할 수 있었던 것인가. 야릇한 미련 같은 것이 섬광처럼 머릿속에 스쳐갔다.

환자도 일본말 모르는 축은 거의 오는 일이 없었지만 대외 관계는 물론 집 안에서도 일체 일본말만을 써 왔다. 해방 뒤 부득이 써 오는 제 나라 말이 오히려 의사 표현에 어색함을 느낄 만큼 그에게는 거리가 먼 것이었다.

마누라의 솔선수범하는 내조지공도 컸지만 애들까지도 곧잘 지켜 주었기에 이 종잇장을 탄 것이 아니던가. 그것을 탄 날은 온 집안이 무슨 큰 경사나 난 것처럼 기뻐들 했었다.

"잠꼬대까지 국어로 할 정도가 아니면 이 영예로운 기회야 얻을 수 있겠소."

하던 국민총력연맹 지부장의 웃음 띤 치하 소리가 떠올랐다.

그 순간 자기 자신은 아이들을 소학교부터 일본 학교에 보낸 것을 얼마나 다행스로 여겼던 것인가.

-전광용, 「꺼삐딴 리」-

*월삼: 미국 시계 회사 '월섬'.
*국어: 일본어를 가리킴.

원래는 단계별로 분석해야 하지만(현대소설 분석 단계는 기본 훈련을 참고하세요.) 문제 풀이에서 대략의 내용이 드러날 듯하니 인물 관계도만 제시하는 걸로 하죠.

```
현재) 중략 앞부분
이인국 박사(의사, 병원장)-----브라운 씨(미국 대사관 근무)
                    ㄴ 만나기로 약속함
과거- 일제 강점기) 중략 뒷부분
이인국 박사(의사) ← 소련군이 들어온다는 소식을 들음. 과거 일본과 가까웠음.
혜숙(이인국 박사에게 주변 분위기 전함)
```

*현대소설 심화 훈련의 단계2) 문제 풀이

*세부 단계❶) 유형별 문제 풀기

지금부터 현대소설 문제의 유형을 정리하겠습니다. 유형에 상관없이 키워드를 찾고 근거를 찾는다는 것은 차이가 없습니다. 다만 근거가 되는 부분이 유형에 따라 약간씩 차이가 있을 뿐이죠. 먼저 앞의 기출문제로 각각 유형을 정리하고 개별 유형을 해결할 수 있는 훈련법을 제시하겠습니다. (각각 다른 작품을 제시하려 했지만 그러면 지문을 각각 다 읽어야 하는 여러분이 지루해 할까봐 기출문제 하나로 모든 유형을 정리합니다. 결코 귀찮아서 하나만 제시한 게 아니에요.)

*유형㉮) 개념 적용

이 유형은 개념을 적용할 수 있는 능력을 측정하는 문제입니다. 현대시와 같은 유형이지요. 다만 소설의 개념 적용 문제는 현대시보다는 약간 까다롭습니다. 현대시는 짧아서 근거도 짧은데 소설은 내용이 긴 만큼 내용의 전체적인 구성이 근거가 될 수 있기 때문이죠.

하지만 근본적인 해결 방법은 현대시와 같습니다. 개념을 적용할 수 있는 능력을 길러야 하므로 선택지의 개념이 작품의 어느 부분에 적용되었는지를 찾을 수 있는 능력을 기르는 것을 목표로 훈련을 진행합니다.

> 문제1) 윗글의 서술상의 특징으로 가장 적절한 것은?
> ① 대화의 빈번한 사용을 통해 현장감을 높이고 있다.
> ② 인물 간의 대결 의식을 중심으로 사건을 전개하고 있다.
> ③ 역전적 시간 구성을 통해 인물의 과거 행적을 드러내고 있다.
> ④ 감각적인 수사를 반복적으로 사용하여 공간적 배경을 제시하고 있다.
> ⑤ 현학적인 표현을 사용하여 비판적인 지성인의 모습을 형상화하고 있다.

*유형㉮ 해결) 특정 부분이 근거!

이 유형은 대개 소설 내용 중 특정한 부분이 근거가 되는 경우가 많습니다. 자세한 내용은 지금부터 제시됩니다.

*단계 1) 선택지 키워드 찾기

선택지에 키워드가 될 만한 부분에 네모를 칩니다.

문제1) 윗글의 서술상의 특징으로 가장 적절한 것은?

① 대화의 빈번한 사용을 통해 현장감을 높이고 있다.
② 인물 간의 대결 의식을 중심으로 사건을 전개하고 있다.
③ 역전적 시간 구성을 통해 인물의 과거 행적을 드러내고 있다.
④ 감각적인 수사를 반복적으로 사용하여 공간적 배경을 제시하고 있다.
⑤ 현학적인 표현을 사용하여 비판적인 지성인의 모습을 형상화하고 있다.

*단계 2) 키워드의 근거 찾기

① 대화의 빈번한 사용을 통해 현장감을 높이고 있다.

첫 번째 키워드가 '대화의 빈번한 사용'입니다. 이 키워드를 찾기 위해서는 뭐부터 찾아야 할까요? 당연히 '대화'이겠죠. 좀 더 들어가 보죠. '대화'를 드러내기 위해서는 큰 따옴표("")가 있어야 합니다. 그러니까 지문을 보고 큰 따옴표를 찾아야겠죠. 그리고 전체적으로 큰 따옴표가 '빈번하게' 사용되고 있는지를 찾아봐야 합니다. 전체 본문을 보니 큰 따옴표가 2번 사용되었네요. 이 정도로 빈번하다고 보기는 어렵습니다.

키워드의 근거를 찾는 사고 과정을 정리해보죠.

> 키워드: 대화의 빈번한 사용
> ① 키워드에서 '대화' 확인 → ②'대화'를 찾으려면? → ③ '큰 따옴표'를 찾아야지! → ④ 큰 따옴표가 빈번한가? → ⑤ 아니지! → ⑥ 이 선택지는 오답

이 중에 여러분이 가장 중점적으로 훈련할 것은 ②단계('대화'를 찾으려면?)입니다. 이 단계를 꼼꼼하게 분석하세요. 많은 기출문제를 접하면서 동일하게 반복되는 수능 출제의 룰을 확인할 수 있을 겁니다.

② 인물 간의 대결 의식 을 중심으로 사건을 전개하고 있다.

키워드는 인물 간의 대결 의식이네요. 이 키워드를 찾기 위해서는 역시 '인물'을 찾아야 합니다. 그리고 그 인물들 간의 관계를 살펴보고 대립하는 인물이 있는지를 살펴봐야겠죠. 이 소설의 경우 인물이 이인국 박사, 브라운 씨, 혜숙 이렇게 세 명의 인물이 등장하는데 이들 간에 대립이 일어난다고 보기 어렵습니다.

키워드: 인물 간의 대결 의식
① 키워드에서 '인물'과 '대결' 확인 → ② '대결'을 찾으려면? → ③ '인물'간의 관계를 찾아야지! → ④ 인물이 대결하는가? → ⑤ 아니지! → ⑥ 이 선택지는 오답

---

③ 역전적 시간 구성 을 통해 인물의 과거 행적을 드러내고 있다.

키워드가 역전적 시간 구성이네요. 일단 개념어의 정의를 알아야하겠습니다. 역전적 시간 구성이란 시간의 흐름과 반대되는 개념이네요. 현재에서 과거로 오는 내용이 드러나는지 찾으라는 겁니다. (더 쉽게 말하면 회상 부분을 찾으라는 거죠.) 중략 앞부분은 브라운 씨와의 만남을 앞둔 현재 시점이고 중략 뒷부분은 일제 강점기와 관련된 소재가 많이 등장하는 것으로 봐서 과거 회상 부분이라 볼 수 있습니다. ③이 정답이네요.

키워드: 역전적 시간 구성
① 키워드에서 '역전적 시간' 확인 → ② '역전적 시간'을 찾으려면? → ③ 현재에서 과거로 진행되는지 찾아야지 → ④ 중략 앞부분은 현재, 뒷부분은 과거이군. → ⑤ 이 선택지가 정답!

---

④ 감각적인 수사를 반복 적으로 사용하여 공간적 배경을 제시 하고 있다.

키워드가 두 가지인데요. 이 선택지의 경우 두 번째 키워드와 동시에 고려해서 정리해보도록 하죠. 먼저 찾을 것은 공간적 배경입니다. 그리고 나서 그

것이 감각적인 수사를 통해 제시되고 있는지 살펴봐야 합니다. 이 소설의 공간적 배경은 '병원'인데요. 이 공간을 시각, 후각 등의 감각적 이미지로 묘사하고 있지는 않습니다. (물론 감각적으로 묘사한다는 것이 무슨 의미인지를 알아야 이 판단이 가능하겠죠? 만약 이 의미를 모른다면 다시 기초 훈련으로 돌아가서 기본 개념을 정리해야 합니다.) 그러니까 이 선택지는 오답이네요.

키워드: 공간적 배경을 감각적 수사로 제시
① 키워드에서 '공간적 배경' 확인 → ② '공간적 배경'을 감각적 수사로 드러냈는지 확인 → ③ 감각적 수사가 없군! → ④ 이 선택지는 오답!

⑤ 현학적인 표현을 사용하여 비판적인 지성인의 모습을 형상화하고 있다.

역시 키워드가 두 가지이죠. 이 선택지의 경우 현학적 표현보다는 비판적인 지성인의 모습을 먼저 찾는 것이 쉬울 것 같습니다. 일단 인물을 먼저 찾아야겠죠? 이인국 박사, 브라운 씨, 혜숙. 이 세 명 중에 비판적인 지성인의 모습을 드러낸 인물이 없습니다. 따라서 이 선택지도 오답이네요.

키워드: 비판적인 지성인
① 키워드에서 '비판적인 지성인' 확인 → ② '인물' 확인 → ③ '비판적인 지식인' 없네! → ④ 이 선택지는 오답!

이 유형은 키워드가 본문에 적용되어 있는지를 어떻게 확인할 수 있는가를 깨닫는 것이 핵심입니다. 개념 적용에 초점을 맞추어 훈련을 해주세요.

*유형④) 세부 내용 파악
이 유형은 소설의 전체 줄거리를 비롯해서 인물, 사건, 배경, 주요 소재에 관한 내용을 물어보는 유형입니다. 크게 보면 현대시에서 특정 시어나 시구의 상징적 의미, 연과 행의 의미 등을 물어보는 것과 같습니다. 원론적으로는

현대시보다 단서가 될 만한 부분이 많기 때문에 쉽다고 할 수 있겠지만 소설 읽기를 힘들어 하는 학생인 경우는 체감 난이도가 다를 수 있긴 합니다.

이 유형의 경우 인물 관계도를 중심으로 소설의 전체 내용을 파악하는 것이 가장 중요합니다. 따라서 기본 훈련이 잘된 학생인 경우 자연스럽게 해결되는 경우가 많습니다. 세부적인 내용을 예를 통해 제시하도록 하겠습니다.

문제 2) ㉠~㉤에 대한 설명으로 가장 적절한 것은?

① ㉠: 사소한 일도 쉽게 지나치지 않는 빈틈없고 까다로운 인물임을 보여준다.
② ㉡: 다른 사람의 이익을 우선시하는 인물의 사려 깊은 자세를 보여준다.
③ ㉢: 일이 뜻대로 이루어진 기쁜 마음을 감춘 채 사태를 주시하는 주인공의 침착한 태도를 보여 준다.
④ ㉣: 시류 변화에 적응하기 어려워 현실을 인정하지 않으려는 의지를 보여준다.
⑤ ㉤: 새로운 환경에 적응해야 하는 아이들을 염려하는 아버지의 자상한 모습을 보여준다.

---

*유형④ 해결) 특정 부분도 근거, 전체 내용도 근거!

*단계 1) 선택지 키워드 찾기
선택지에 키워드가 될 만한 부분에 네모를 칩니다.

문제 2) ㉠~㉤에 대한 설명으로 가장 적절한 것은?

① ㉠: 사소한 일도 쉽게 지나치지 않는 빈틈없고 까다로운 인물임을 보여준다.
② ㉡: 다른 사람의 이익을 우선시하는 인물의 사려 깊은 자세를 보여준다.
③ ㉢: 일이 뜻대로 이루어진 기쁜 마음을 감춘 채 사태를 주시하는 주인공의 침착한 태도를 보여 준다.
④ ㉣: 시류 변화에 적응하기 어려워 현실을 인정하지 않으려는 의지를 보여준다.
⑤ ㉤: 새로운 환경에 적응해야 하는 아이들을 염려하는 아버지의 자상한 모습을 보여준다.

사실 이 유형은 문제에 따라 마땅한 키워드를 찾기가 어려울 수도 있습니다. 그런데 이 문제의 경우는 인물의 특징으로 선택지를 구성했다는 공통점

이 있군요. 그래서 그걸 중심으로 정리해봤습니다. 만약 마땅한 키워드가 보이지 않는다면 선택지 전체를 키워드라고 생각하고 접근하기 바랍니다.

*단계 2) 키워드의 근거 찾기

① ㉠: 사소한 일도 쉽게 지나치지 않는 빈틈없고 까다로운 인물임을 보여준다.

일단 ㉠을 봅시다.

> ㉠ 그의 일과는 아침에 진찰실에 나오자 손가락 끝으로 창틀이나 탁자 위를 훑어 무테안경 속 움푹한 눈으로 응시하는 일에서 출발한다.

그런데 사실 이런 유형에서 ㉠만 보고 선택지를 판단해선 곤란합니다. 문맥적 의미를 파악해야 하니까요. 따라서 ㉠의 앞뒤 문맥을 두루 살펴야합니다. 무슨 의도로 손가락 끝으로 창틀이나 탁자 위를 훑는지 ㉠만 보고 알 도리가 없죠. ㉠의 뒤 문장을 보죠.

> 이때 손가락 끝에 먼지만 묻으면 불호령이 터지고, 간호원은 하루 종일 원장의 신경질에 부대껴야만 한다.

이제 손가락으로 훑은 이유가 나오네요. 먼지를 체크하기 위한 것이었죠. 이 행동을 사소한 일도 쉽게 지나치지 않는 빈틈없고 까다로운 인물이라는 것과 연결시킬 수 있습니다. 이 문장을 보니 서술자가 부정적인 뉘앙스로 원장을 묘사하고 있다는 생각까지 듭니다. ①이 정답이네요. −뒤 문장(특정 부분)이 근거!

② ㉡: 다른 사람의 이익을 우선시하는 인물의 사려 깊은 자세를 보여준다.

일단 ㉡을 봅시다.

> ⓛ 운영은 각자의 호주머니 셈속이었지만 종합 병원의 원장 자리는 의젓이 자기가 차지하고 있다.

종합 병원의 원장 자리를 '의젓이' 자기가 차지하고 있다는 것에서 왠지 묘한 부정적인 뉘앙스가 느껴지지 않나요? 사실 인물 관계도로 전체 내용을 파악했다면 알겠지만 주인공 이인국 박사는 부정적인 인물입니다. 그런데 그런 그가 사려 깊은 자세를 보일리가 없겠죠. 따라서 ②는 오답입니다. −인물 관계도(전체 내용)가 근거!

③ ⓒ: 일이 뜻대로 이루어진 기쁜 마음을 감춘 채 사태를 주시하는 주인공의 침착한 태도 를 보여 준다.

일단 ⓒ을 봅시다.

> ⓒ 한참 동안 아무 거동도 못 하고 바깥쪽을 내려다보고만 있었다.

ⓒ만 가지고 판별하기가 쉽지 않습니다. 앞부분을 보도록 하죠.

> "아마 소련군이 들어오나 봐요. 모두들 야단법석이에요……."
> 숨을 헐레벌떡이며 이야기하는 혜숙의 말에 이인국 박사는 아무 대꾸도 없이 눈만 껌벅이며 도로 앉았다. 여러 날째 라디오에서 오늘 입성 예정이라고 했으니 인제 정말 오는가 보다 싶었다.

앞의 문장을 보니 소련군이 입성한다는 소식에 분주한 사람들을 보고 있는 듯합니다. 그런데 문제는 '소련군'이지요. 이 선택지가 정답이 되려면 소련군이 입성한다는 것이 이인국 박사의 뜻대로 이루어진 것이어야 하고 그래서 기뻐야 합니다. 그런데 그렇지 않아 보입니다. 따라서 ③은 오답! −앞뒤 문맥(특정 부분)이 근거!

④ ⓔ: 시류 변화에 적응하기 어려워 현실을 인정하지 않으려는 의지 를 보여준다.

일단 ㉣을 봅시다.

> ㉣ 글자 한 자로 제대로 남지 않게 손끝에 힘을 주어 꼼꼼히 찢었다.

역시 ㉣만 가지고 판별하기 어렵습니다. 일단 뭘 찢는지를 보죠.

> 國語常用(국어*상용)의 家(가).
> 해방되던 날 떼어서 집어넣어 둔 것을 그동안 깜박 잊고 있었다.
> 그는 액자를 뒤를 열어 음식점 면허장 같은 두터운 모조지를 빼내어 글자 한
> 자도 제대로 남지 않게 손끝에 힘을 주어 꼼꼼히 찢었다.
> 이 종잇장 하나만 해도 일본인과의 교제에 있어서 얼마나 떳떳한 구실을 할
> 수 있었던 것인가. 야릇한 미련 같은 것이 섬광처럼 머릿속에 스쳐갔다.

'국어 상용의 가'라고 적힌 모조지를 찢습니다. 뒤 문장에서 그가 이 모조
지에 미련을 가지고 있다는 것을 확인할 수 있습니다. 미련을 가진 종이를 과
감하게 찢는 행위와 현실을 인정하지 않으려는 의지와는 연결되지 않는군요.
따라서 ④도 오답! -앞뒤 문맥(특정 부분)이 근거!

⑤ ㉤: 새로운 환경에 적응해야 하는 아이들을 염려하는 아버지의 자상한
모습 을 보여준다.

㉤을 볼 필요도 없습니다. 부정적인 인물인 이인국 박사에게 '아버지의 자
상한 모습'이라니 가당치도 않습니다. 볼 것도 없이 ⑤는 오답입니다. -인물
관계도(전체 내용)가 근거!

❊

이 유형의 경우 밑줄 친 부분의 앞뒤 문맥 파악 능력과 인물 관계도를 통
한 지문 전체 내용을 이해하는 능력이 핵심입니다. 내용 파악은 기본 훈련에
서 지겹도록 했을 테니까 열심히 기른 내용 파악 능력을 문제 풀이에 적용해
나가는 것을 목표로 훈련합니다.

*유형❹) 〈보기〉를 통한 감상

이 유형은 '유형2'에 참고 자료를 덧붙여서 이해해야 하기 때문에 어쩌면 까다로울 수도 있지만 근거가 눈에 보인다는 측면에서도 어쩌면 더 쉬울 수도 있습니다. 현대시와 비슷한 측면이 있기 때문에 유형에 대한 설명은 여기까지만 하고 바로 예를 통해 설명하도록 하죠.

*유형❹ 해결) 특정 부분도 근거, 전체 내용도 근거, 〈보기〉도 근거!

*단계 ①) 선택지 키워드 찾기

먼저 키워드를 찾아야 한다는 것은 이제 상식!

문제3) 〈보기〉를 참고하여 윗글을 이해한 내용으로 적절하지 않은 것은?

> **〈보기〉**
> 전광용의 '꺼삐딴 리'는 일제 강점기부터 6.25 한국전쟁 이후까지 격동기를 살아온 인물을 주인공으로 한다. 이 소설에 등장하는 소재들은 작품의 시·공간적 배경을 제시하거나 사건을 구성하는 과정에서 중요한 역할을 한다. 또한 독자에게 인물에 대한 부가 정보를 전달함으로써 작품 이해를 심화시키는 기능을 한다.

① '왕진 가방'은 38선을 넘어온 피란 유물로서 유랑 생활의 고단함과 고향에 대한 그리움의 의미를 형상화한 소재 이다.

② 인생의 반려로 비유된 '시계'는 역사적 흐름을 한 인물의 삶에 담아 표현 해 줄 수 있는 작품 구성의 주요한 장치이다.

③ '비상용 캐비닛'은 주인공의 성격을 형상화해 주는 소재 로, 만일의 상황에 대비하는 주인공의 주도면밀함을 보여 주는 사물 이다.

④ '신사복'은 주인공의 사회생활의 시작 단계에서 가졌던 희망찬 기대를 표상 하는 소재이다.

⑤ '라디오'는 소련군의 입성이라는 시대적 상황을 전달하는 소재 로, 주인공이 새롭게 직면하게 된 변화된 정세 를 제시해 준다.

*단계 ②) 키워드의 근거 찾기

이 유형의 근거는 특정 부분, 전체 내용, 〈보기〉에도 있습니다. 선택지와 지문 사이의 관계 그리고 선택지와 〈보기〉 사이의 관계를 연결시키면서 근거를 찾는 훈련을 합니다.

① '왕진 가방'은 38선을 넘어온 피란 유물로서 유랑 생활의 고단함과 고향에 대한 그리움의 의미를 형상화한 소재이다.

−일단 '왕신 가방'을 지문에서 찾아봅시다. 바로 뒤에 '가방은 미균 의사에게서 얻은 새것으로 갈아매어 흔적도 없게 된 지금'이라는 말이 있네요. 이것을 가지고 고향에 대한 그리움과 연결하기 쉽지 않습니다. 바로 이 부분이 ①이 정답이라는 근거가 되겠습니다. −특정 부분이 근거!

② 인생이 반려로 비유된 '시계'는 역사적 흐름을 한 인물의 삶에 담아 표현해 줄 수 있는 작품 구성의 주요한 장치이다.

−'시계'는 38선을 함께 넘어온 반려이고 '목숨을 걸고 삶의 도피행을 같이 한 유일품'이라는 것에서 인물의 삶을 담고 있다는 선택지의 내용과 연결할 수 있습니다. 그럼 '역사적 흐름'에 대한 내용은 어디서 찾을까요? 이건 〈보기〉에서 찾을 수 있습니다. 〈보기〉 첫째 줄에 '전광용의 「꺼삐딴 리」는 일제 강점기부터 6.25 한국 전쟁 이후까지 격동기를 살아온 인물을 주인공으로 한다.'라는 말이 보이네요. 이것이 '역사적 흐름'이라는 선택지의 근거가 될 수 있습니다. − 특정 부분과 〈보기〉가 근거!

③ '비상용 캐비닛'은 주인공의 성격을 형상화해 주는 소재로, 만일의 상황에 대비하는 주인공의 주도면밀함을 보여 주는 사물이다.

−〈보기〉에서 소재는 독자에게 인물에 대한 부가 정보를 전달함으로써 작품 이해를 심화시키는 기능을 한다고 했습니다. 이것은 주인공의 성격을 형상화해 주는 소재라는 키워드의 근거가 될 수 있겠군요. 또한 만일의 상황에

대비하는 주인공의 주도면밀함을 보여주는 것은 귀중한 시계를 아무데나 놔 두는 것이 아니라 비상용 캐비닛에 꼭 넣어둔다는 사실과 연결됩니다. ─특정 부분과 〈보기〉가 근거!

④ '신사복'은 주인공의 사회생활의 시작 단계에서 가졌던 희망찬 기대를 표상하는 소재이다.

─지문에 '학생복을 벗어 버리고 신사복으로 갈아입던 그날의 감회'라는 것과 키워드가 연결됩니다. ─특정 부분이 근거!

⑤ '라디오'는 소련군의 입성이라는 시대적 상황을 전달하는 소재로, 주인 공이 새롭게 직면하게 된 변화된 정세를 제시해 준다.

─〈보기〉에서 소재들은 작품의 시·공간적 배경을 제시하는 역할을 한다 는 것과 시대적 상황을 전달하는 소재라는 것이 연결됩니다. 또한 중략 뒷부 분의 내용은 소련군의 입성이라는 시대적 정세는 주인공이 처음 접하게 되는 것이라는 것을 보여줍니다. ─〈보기〉와 전체 내용이 근거!

✻

이 문제처럼 쉬운 문제일 경우 굳이 꼼꼼하게 근거를 찾지 않고 문제를 푸는 학생이 있을 수 있습니다. 하지만 명심해야 할 것은 모든 문제가 이렇 게 쉽지는 않다는 거지요. 어려운 문제를 풀기 위해서는 정석적인 풀이 방법 을 여러분의 것으로 완전히 익혀야 합니다. 따라서 쉬운 문제라도 꼼꼼하게 근거를 찾아서 푸는 습관을 기르는 훈련을 하기 바랍니다. 문제만 푸는 것은 실전 훈련에서 충분히 할 테니까요.

*세부 단계❷) 정답 확인

문제를 다 풀고 나서(선택지에 근거가 적혀 있는 상태여야 합니다.) 바로 정답지를 보지 말고 2~3시간 지난 후에 다시 한 번 훑어봅니다. 잘못된 게 있 는지, 실수한 것은 없는지 살펴보세요. 그리고 잘못된 게 있으면 수정합니다.

그러고 난 후 정답을 확인합니다. 그리고 채점하세요. 대신 틀린 것에 정답을 체크하지 않고 틀렸다는 표시만 합니다. 그리고 다시 정답을 찾아봅니다. 그리고 잘못된 것이 있으면 스스로 수정해 봅니다.

이제 해답지를 봅니다. 맞은 문제도 해설까지 맞는지 꼼꼼히 확인합니다. (찍어서 맞은 문제는 오답 노트 행!) 틀린 문제의 경우 채점 후 다시 봤는데도 모르겠는 문제만 오답 노트에 정리합니다. 오답 노트를 작성할 필요가 있는 문제만 3단계를 진행합니다.

*현대소설 심화 훈련의 단계3) 오답 노트 작성 및 개념 정리

틀린 문제는 오답 노트를 작성합니다. 찍어서 맞힌 문제도 같이 작성합니다. 일단 먼저 본인이 생각한 근거를 작성하고 해답지와 비교하면서 어떤 부분을 잘못 생각해서 오답이 나왔는지 확인합니다. 만약 개념에 대한 이해가 부족해서 틀린 거라면 개념 정리는 따로 꼼꼼하게 해 둡니다.

고전시가와 고전소설

고전시가와 고전소설 문제 풀이 훈련은 현대시와 현대소설 훈련법과 다르지 않습니다. 문제의 유형이 같기 때문입니다. 다만 기본 훈련에서 했던 것처럼 문제 풀이를 하다 종종 나오는 어려운 어휘나 자주 나오는 상징 등을 따로 정리해 두고 틈틈이 보는 습관을 기르도록 노력합니다.

다만 고전시가의 경우, 현대어 풀이가 너무 되지 않아서 도저히 문제를 풀 수 없는 정도라면 기본 훈련으로 돌아가서 다시 1회독을 합니다. 이런 학생의 경우 기본 훈련을 한 번 더 하는 것이 문제를 푸는 훈련하는 것보다 더 큰 효과가 있습니다.

비문학 (독서)

비문학(독서) 심화 훈련의 실행 단계

실행 단계1) 지문 분석
실행 단계2) 문제 풀이
실행 단계3) 오답 노트 작성

*독서 심화 훈련의 준비 단계) 상태 점검

앞서 언급했듯이 독서는 특별한 이론이 없습니다. 따라서 상태 점검은 개념으로 하는 것이 아니라 지문의 핵심어가 보이는지, 문단의 중심 문장이 보이는지, 전체적인 글의 구조가 보이는지 등을 확인합니다. 아마 기본 훈련을 계획대로 잘 해왔다면(비문학 지문 100개 분석!), 그래서 어느 정도 비문학 독해에 자신감이 붙었다면 심화 훈련을 시작해도 됩니다.

*독서 심화 훈련의 단계1) 지문 분석

지문을 분석합니다. 기본 훈련에서 꾸준히 해왔던 훈련이기 때문에 쉽게 해낼 수 있으리라 생각합니다. 예를 제시하겠습니다.

2015학년도 9월 모의평가 B형입니다.

먹으로 난초를 그린 묵란화는 사군자의 하나인 난초에 관념을 투영하여 형상화한 그림으로, 여느 사군자화와 마찬가지로 군자가 마땅히 지녀야 할 품성을 담고 있다. 묵란화는 중국 북송 시대에 그려지기 시작하여 우리나라를 포함한 동북아시아 문인들에게 널리 퍼졌다. 문인들에게 시, 서예, 그림은 나눌 수 없는 하나였다. 이런 인식은 묵란화에도 이어져 난초를 칠 때는 글씨의 획을 그을 때와 같은 붓놀림을 구사했다. 따라서 묵란화는 문인들이 인문적 교양과 감성을 드러내는 수단이 되었다.

추사 김정희가 25세 되던 해에 그린 ㉠'석란(石蘭)'은 당시 청나라에서도 유행하던 전형적인 양식을 따른 묵란화이다. 화면에 공간감과 입체감을 부여하는 잎새들은 가지런하면서도 완만한 곡선을 따라 늘어져 있으며, 꽃은 소담하고 정갈하게 피어 있다. 도톰한 잎과 마른 잎, 둔중한 바위와 부드러운 잎의 대비가 돋보인다. 난 잎의 조심스러운 선들에서는 단아한 품격을, 잎들 사이로 핀 꽃에서는 고상한 품위를, 묵직한 바위에서는 돈후한 인품을 느낄 수 있으며 당시 문인들의 공통적 이상이 드러난다.

평탄했던 젊은 시절과 달리 김정희의 예술 세계는 49세부터 장기간의 유배 생활을 거치면서 큰 변화를 보인다. 글씨는 맑고 단아한 서풍에서 추사체로 알려진 자유분방한 서체로 바뀌었고, 그림도 부드럽고 우아한 화풍에서 쓸쓸하고 처연한 느낌을 주는 화풍으로 바뀌어 갔다.

생을 마감하기 일 년 전인 69세 때 그렸다고 추정되는 ⓒ부작란도(不作蘭圖)는 이러한 변화를 잘 보여 준다. 담묵의 거친 갈필*로 화면 오른쪽 아래에서 시작된 몇 가닥의 잎은 왼쪽에서 불어오는 바람을 맞아, 오른쪽으로 뒤틀리듯 구부러져 있다. 그중 유독 하나만 위로 솟구쳐 올라 허공을 가르지만, 그 잎 역시 부는 바람에 속절없이 꺾여 있다. 그 잎과 평행한 꽃대 하나, 바람에 맞서며 한 송이 꽃을 피웠다. 바람에 꺾이고, 맞서는 난초 꽃대와 꽃송이에서 세파에 시달려 쓸쓸하고 황량해진 그의 처지와 그것에 맞서는 강한 의지를 느낄 수 있다. 우리는 여기에서 김정희가 자신의 경험에서 느낀 세계와 묵란화의 표현 방법을 일치시켜, 문인 공통의 이상을 표출하는 관습적인 표현을 넘어 자신만의 감정을 충실히 드러낸 세계를 창출했음을 알 수 있다.

묵란화에는 종종 심정을 석어 누기노 냈나. 김징희도 (부긱긴도)에 '우연히 그린 그림에서 참모습을 얻었다'고 적어 두었다. 여기서 우연히 얻은 참모습을 자신이 처한 모습을 적절하게 표현하는 것이라 한다면 이때 우연이란 요행이 아니라 오랜 기간 훈련된 감성이 어느 한 순간의 계기에 의해 표출된 필연적인 우연이라고 해야 할 것이다.

* 갈필: 물기가 거의 없는 붓으로 먹을 조금만 묻혀 거친 느낌을 주게 그리는 필법.

이 글에서 가장 많이 나오는 말은 '김정희' 그리고 '묵란화'입니다. 이것을 잘 이용하면 쉽게 지문 분석이 가능할 듯하군요. 지문 분석은 기본 훈련에서 충분히 다뤘으니 여기에서는 다른 것은 생략하고 제목과 주제만 정리하겠습니다.

1문단) '묵란화'의 유래와 특징
2문단) 김정희의 '석란'의 특징
3문단) 김정희의 예술 세계의 변화
4문단) '부작란도'에 드러난 김정희의 예술 세계의 변화
5문단) '묵란화'에 적힌 김정희의 글에 담긴 내용

주제: 김정희의 '묵란화'의 특징

*독서 심화 훈련의 단계2) 문제 풀이

*세부 단계❶) 유형별 문제 풀기

> 독서 문제의 유형
>
> ㉮ 개념 적용
> ㉯ 내용 파악
> ㉰ 특정 부분 파악
> ㉱ 〈보기〉를 통한 이해

*유형㉮) 개념 적용

이 유형은 비문학에서 사용되는 개념을 적용할 수 있는지를 파악하는 문제인데 보통 비교, 대조, 예시, 정의, 유추 등의 서술 방식을 묻는 형태로 출제됩니다. 이 문제는 문학에서의 개념 적용 문제 풀이 방법과 크게 다르지 않기 때문에 훈련하는데 어려움은 없을 것이라 생각합니다.

*유형㉮ 해결) 전체적 구성 혹은 특정 부분이 근거!

*단계 1) 선택지의 키워드 찾기

문제1) 윗글에 대한 설명으로 가장 적절한 것은?
① 구체적인 작품을 사례로 제시하며 작가의 삶과 작품 세계를 설명하고 있다.
② 후대 작가의 작품과의 비교를 통해 작품에 대한 이해를 확장하고 있다.
③ 특정 입장을 바탕으로 작가와 작품에 대한 역사적 논란을 소개하고 있다.
④ 다양한 해석을 근거로 들어 작품에 대한 통념적인 이해를 비판하고 있다.
⑤ 대조적인 성격의 작품을 예로 들어 예술의 대중화 과정을 분석하고 있다.

동그라미는 개념입니다. (만약 여기에 있는 개념의 정의를 말할 수 없다면 기본 훈련으로 다시 돌아가서 개념 학습을 먼저 하고 오세요.) 이 개념이 키워드 중에서도 핵심 키워드가 됩니다.

*단계 2) 키워드의 근거 찾기

이제 키워드의 근거를 찾아보도록 하죠. 이 유형의 근거는 전체적인 구성 방식이나 특정 부분에서 찾을 수 있습니다.

① 구체적인 작품을 사례로 제시하며 작가의 삶과 작품 세계를 설명하고 있다.

－첫 번째 키워드를 봅시다. '구체적인 작품을 사례로 제시'했다고 합니다. 그러면 여러분은 뭐부터 찾아야 할까요? 그렇죠. 구체적인 작품입니다. 구체적인 작품이 있던가요? '석란'과 '부작란도'라는 작품이 있었습니다. 그러므로 자연스럽게 사례가 제시된 것이죠.

－두 번째 키워드를 봅시다. '작가의 삶과 작품 세계를 설명'했다고 합니다. 그러면 여러분은 뭐부터 찾아야 하나요? 그렇죠. 작가입니다. '김정희'였죠? 그러고 나서 작가의 '삶'이나 '작품 세계'가 드러나는지를 살펴야합니다.

　　　　　　　　　　❈

여기서 강조하고 싶은 것은 앞에서처럼 선택지가 맞는지를 확인하기 위해서 무엇부터 찾아야하는지에 대한 인식을 하는 훈련을 하라는 것입니다. 많은 학생들이 마구잡이로 정답을 찾는 습관을 가지고 있는데 쉬운 글인 경우에는 당연히 맞힐 수 있지만 어려운 글인 경우는 대부분 틀립니다. 그리고 이런 식의 문제 풀이는 실수를 만들지요. 그러니까 이런 습관을 가진 학생들은 고득점을 받기 어렵습니다. 선택지를 끊어서 읽는 습관을 길러야 합니다. 그리고 선택지가 맞는지 틀린지를 찾기 위해서는 무엇부터 고려해야 하는지 인식하는 훈련을 하세요. 그래야 해당 근거를 명확하게 찾을 수 있고, 이게 완성되어야 흔들림 없는 고득점을 획득할 수 있습니다.

② 후대 작가의 작품과의 비교를 통해 작품에 대한 이해를 확장하고 있다.

-첫 번째 키워드를 봅시다. '후대 작가의 작품과의 비교'입니다. 그럼 당연히 여러분은 '후대 작가'를 찾아야 합니다. '김정희' 이후의 후대 작가가 보이지 않으니까 자연스럽게 틀린 선택지가 됩니다.

③ 특정 입장을 바탕으로 작가와 작품에 대한 역사적 논란을 소개 하고 있다.

-'특정 입장을 바탕으로'라는 선택지가 보입니다. 딱히 특정 입장이랄 것이 없습니다만 확신은 들지 않으니 두 번째 선택지로 넘어가도록 하죠. '작가와 작품에 대한 역사적 논란을 소개'한 답니다. 눈에 딱 띄는 키워드가 보이나요? '역사적 논란'이 보일 겁니다. (그럴 거라 믿어요~) 지문에는 논란의 '논'자도 없습니다. 따라서 틀린 선택지!

④ 다양한 해석을 근거로 들어 작품에 대한 통념적인 이해를 비판 하고 있다.
-첫 번째 키워드는 '다양한 해석을 근거'로 했다는 겁니다. 그러면 '다양한 해석'을 먼저 찾아야겠죠. 안타깝게도 지문에 다양한 해석이 없습니다. 따라서 오답!

⑤ 대조적인 성격의 작품을 예로 들어 예술의 대중화 과정을 분석 하고 있다.

-첫 번째 키워드는 '대조적인 성격의 작품을 예'로 들었다는 거니까 당연히 '대조적인 성격의 작품'을 찾아야겠죠. 김정희의 작품과 대조적인 작품은 없습니다.

✽

문학과 달리 독서에서 개념 적용 문제의 목적은 개념 적용 능력보다는 오히려 선택지를 분석하여 근거를 찾아내는 능력을 기르는 것입니다. 선택지를 꼼꼼하게 끊어서 읽으면서 분석하고 난 후, 선택지가 맞는지 틀린지를 확인하기 위해서는 어떤 것부터 고려해야 하는지를 볼 수 있는 안목을 기르는 훈련을 하기 바랍니다.

*유형④) 내용 파악

이 유형은 정확하게 내용을 파악했는지를 묻는 문제입니다. 보통 '윗글의 내용과 일치하지 않는 것은?'이나 '윗글로 알 수 있는 사실이 아닌 것은?'의 형태로 제시되는 문제이지요.

*유형④ 해결) 특정 부분이 근거!

*단계 1) 선택지의 키워드 찾기

키워드를 확인해 봅시다. 이 유형에서 키워드는 오답으로 만들 민감 것이라 할 수 있습니다. 출제자가 이 선택지를 틀린 선택지로 구성하고 싶다면 어디를 틀리게 할지를 인식하면서 키워드를 찾는 훈련을 해야 합니다. 여러분이라면 어떤 걸 틀리게 만들까 고민해보면 되는데요. 예를 통해 구체적으로 설명하겠습니다.

문제2) 윗글의 내용과 일치하지 않는 것은?
① 문인들은 사군자화 를 통해 군자의 덕목 을 드러내려 했다.
② 묵란화 는 그림의 소재에 관념을 투영 하여 형상화한 것이다.
③ 유배 생활 은 김정희의 서체와 화풍의 변화에 영향 을 주었다.
④ 묵란화 는 중국에서 기원하여 우리나라에 전래 된 그림 양식이다.
⑤ 김정희 는 말년 에 서예의 필법을 쓰지 않고 그리는 묵란화 를 창안하였다.

①의 '사군자화'의 경우 대신에 다른 그림 종류의 그림이라면 이 선택지는 오답이 됩니다. 그래서 '사군자화'를 키워드로 잡는 거죠. '군자의 덕목' 대신에 다른 것을 드러낸다면 이 선택지도 오답이 될 수 있습니다. 그래서 '군자

의 덕목'을 키워드로 잡습니다.

③에서 '유배 생활'이 아닌 다른 계기가 변화에 영향을 주었다면 이것도 틀린 선택지가 되겠죠? 그래서 '유배 생활'을 키워드로 잡습니다. 그리고 '유배 생활'이 '김정희의 서체와 화풍의 변화'가 아닌 다른 것에 영향을 주었다면 이것 역시 이 선택지가 오답인 이유가 됩니다. 따라서 '김정희의 서체와 화풍의 변화에 영향'을 키워드로 잡았습니다.

이런 식으로 키워드 잡는 방식을 훈련하면 근거 찾기를 훨씬 수월하게 접근할 수 있습니다.

*단계 ②) 키워드의 근거 찾기

① 문인들은 사군자화를 통해 군자의 덕목을 드러내려 했다.

−열심히 찾은 키워드를 써먹어야할 때입니다. 키워드를 중심으로 본문을 스캔합니다. 읽지 말고 스캔하세요. 걸리는 것이 분명히 있습니다. (지문 분석할 때 핵심어로 표시해 둔 것이 걸릴 때가 많아요.) 그때 그 부분만 발췌해서 읽습니다. 이 선택지에서는 '사군자화' 혹은 '군자의 덕목'을 스캔해야 하는데 1문단에 '여느 사군자화와 마찬가지로 군자가 마땅히 지녀야 할 품성을 담고 있다.'에서 확인할 수 있습니다. '덕목'이라는 말 대신에 '품성'이라는 말이 있는데요. 이건 같은 의미로 쓸 수 있다는 사실이 납득이 되지 않는다면 기본적인 어휘력에 문제가 있는 거니까 당장 어휘 노트를 작성을 시작해야 합니다.

② 묵란화는 그림의 소재에 관념을 투영하여 형상화한 것이다.

−'묵란화'는 너무 많으니까 '관념을 투영'했다는 것을 키워드로 잡고 스캔합니다. 첫 번째 줄에서 바로 걸립니다. '묵란화는 사군자의 하나인 난초에 관념을 투영하여 형상화한 그림으로'라는 말이 있습니다.

③ 유배 생활은 김정희의 서체와 화풍의 변화에 영향을 주었다.

－'유배 생활'을 키워드로 잡고 스캔합니다. 4문단에서 걸립니다. '김정희의 예술 세계는 55세부터 장기간의 유배 생활을 거치면서 큰 변화를 보인다.'라는 말이 있습니다.

④ 묵란화는 중국에서 기원하여 우리나라에 전래된 그림 양식이다.

－'중국에서 기원'을 키워드로 잡고 스캔합니다. 1문단에서 걸리네요. '묵란화는 중국 북송 시대에 그려지기 시작하여 우리나라를 포함한 동북아시아 문인들에게 널리 퍼졌다.'라는 문장이 있습니다.

⑤ 김정희는 말년에 서예의 필법을 쓰지 않고 그리는 묵란화를 창안하였다.

－'말년'과 '서예의 필법'을 키워드로 잡고 스캔합니다. 1문단에서 '서예의 필법'이 걸립니다. '난초를 칠 때는 글씨의 획을 그을 때와 같은 붓놀림을 구사했다.' '말년'은 4문단에서 걸립니다. '생을 마감하지 일 년 전인 69세 때 그렸다고 추정되는 '부작란도'는 이러한 변화를 잘 보여 준다.' 그런데 아무리 봐도 '말년'에 '서예의 필법'을 쓰지 않았다는 얘기는 없습니다. 따라서 이 선택지가 정답이 되겠네요.

※

'키워드를 잡고 스캔한 후 걸리는 부분을 발췌해서 읽는다.' 간단하죠? 사실 이 문제는 시간만 넉넉하다면 큰 어려움 없이 풀 수 있는 유형입니다. 하지만 우리는 제한된 시간에 정확하게 문제를 풀어야 하기 때문에 이 훈련을 하는 거죠. 키워드 잡는 것부터 열심히 훈련하면 이 유형의 문제를 정확하고 빠르게 풀 수 있습니다.

*유형㉲) 특정 부분 파악

이 유형은 밑줄 친 내용을 이해 여부를 파악하는 문제입니다. 밑줄 친 부분을 중심으로 문맥을 고려하면서 근거를 찾아야합니다.

*유형㉲ 해결) 특정 부분이 근거!

*단계[1]) 밑줄 친 부분 간의 관계 고려하기

밑줄 친 것 사이의 관계를 고려해 보는 훈련을 해야 합니다. 물론 딱히 눈에 보이는 관계가 없을 수는 있겠습니다만 대비, 종속, 수식, 통시 등의 관계가 있는 경우는 문제를 풀 때 상당한 도움이 되기 때문에 잠시라도 시간을 두고 관계를 고려하는 습관을 기르기 바랍니다. 예컨대 이 지문에서는 ㉠과 ㉡이 서로 대비되는 관계입니다. 따라서 둘의 공통점과 차이점을 중심으로 정리하면 되겠다는 판단을 할 수 있습니다.

*단계[2]) 선택지의 키워드 찾기

문제3) ㉠, ㉡에 대한 이해로 적절하지 않은 것은?

① ㉠에서 완만하고 가지런한 잎새는 김정희가 삶이 순탄하던 시절에 추구하던 단아한 품격을 표현한 것이다.
② ㉠에서 소담하고 정갈한 꽃을 피워 내는 모습은 고상한 품위를 지키려는 김정희의 이상을 표상한 것이다.
③ ㉡에서 바람을 맞아 뒤틀리듯 구부러진 잎은 세상의 풍파에 시달린 김정희의 처지를 형상화한 것이다.
④ ㉡에서 홀로 위로 솟구쳤다 꺾인 잎은 지식을 추구했던 과거의 삶과 단절하겠다는 김정희 자신의 의지가 표현된 것이다.
⑤ ㉠과 ㉡에 그려진 난초는 김정희가 자신의 인문적 교양과 감성을 표현하기 위해 선택한 소재이다.

키워드를 찾는 방법은 유형2와 같습니다. 출제자가 틀리게 할 법한 것을 찾으면 됩니다.

*단계 3) 키워드의 근거 찾기

① ⓐ에서 완만하고 가지런한 잎새 는 김정희가 삶이 순탄하던 시절에 추구하던 단아한 품격 을 표현한 것이다.

－첫 번째 키워드인 '완만하고 가지런한 잎새'에 대한 근거를 찾아야 합니다. 근거를 물론 본문에 있습니다. ⓐ에 해당하는 내용이니까 ⓐ과 가까운 부분부터 스캔하면서 찾아 내려가면 2문단에 있습니다. '단아한 품격' 역시 2문단에 있습니다.

② ⓐ에서 소담하고 정갈한 꽃을 피워 내는 모습 은 고상한 품위 를 지키려는 김정희의 이상 을 표상한 것이다.

－첫 번째 키워드인 '소담하고 정갈한 꽃을 피워 내는 모습'에 해당하는 내용을 스캔합니다. 2문단에 있네요. '고상한 품위', '이상'도 역시 2문단에서 잡힙니다.

③ ⓑ에서 바람을 맞아 뒤틀리듯 구부러진 잎 은 세상의 풍파에 시달린 김정희의 처지 를 형상화한 것이다.

－첫 번째 키워드인 '바람을 맞아 뒤틀리듯 구부러진 잎'에 해당하는 내용을 찾습니다. 4문단에 잡힙니다. '세상의 풍파에 시달린 김정희의 처지' 역시 '세파에 시달려 쓸쓸하고 황량해진 그의 처지'에서 거의 유사하게 드러납니다.

④ ⓑ에서 홀로 위로 솟구쳤다 꺾인 잎 은 지식을 추구했던 과거의 삶과 단절 하겠다는 김정희 자신의 의지가 표현된 것이다.

－첫 번째 키워드인 '홀로 위로 솟구쳤다 꺾인 잎'은 4문단에서 스캔 가능합니다. 그런데 '지식을 추구했던 과거의 삶과 단절'은 비슷한 말조차 없네요. 따라서 오답!

⑤ ㉠과 ㉡에 그려진 난초는 김정희가 자신의 인문적 교양과 감성을 표현 하기 위해 선택한 소재이다.

－'자신의 인문적 교양과 감성'은 첫 번째 문단의 마지막 문장인 '묵란화는 문인들이 인문적 교양과 감성을 드러내는 수단이 되었다.'에서 드러납니다. ㉠과 ㉡은 모두 묵란화라는 공통점이 있으므로 둘 다 인문적 교양과 감성을 표현했지요.

❋

내용을 살펴보면 알겠지만 큰 관점에서 본다면 키워드를 찾고 키워드의 근거를 찾는다는 측면에서 유형2와 유사합니다. 다만 밑줄 문제는 밑줄 친 내용 간의 관계를 고려한다는 단계가 하나 더 추가할 뿐이지요. 위의 문제의 경우 ①~④는 차이점을 중심으로 ⑤는 공통점을 중심으로 선택지가 구성되어 있는데 미리 공통점과 차이점을 중심으로 내용을 정리해 두고 지문을 분석했다면 더 쉽게 문제에 접근할 수 있었습니다.

*유형㉣) 〈보기〉를 통한 내용 파악

이 유형은 〈보기〉를 통해 내용을 파악하는 능력을 묻는 문제입니다. 이 유형의 경우 지문의 내용에 따라 〈보기〉의 양상도 다른데요. 일반적으로는 문학 문제와 유사하게 지문 내용을 확장하는 내용의 〈보기〉를 제시합니다만 (인문이나 사회, 예술 영역의 지문에서 주로 등장합니다. 지문과 대비되는 견해나 사례 등이 제시되기도 하지요.) 지문이 '과정'의 서술 방식을 사용하고 있다면 그래프나 그림 등 시각 자료를 제시하고 내용을 잘 이해했는지를 묻는 경우가 있습니다. (주로 과학이나 기술, 일부는 예술이나 경제에서 자주 등장하지요.)

*유형㉣ 해결) 특정 부분이 근거! 〈보기〉가 근거!

문제) 〈보기〉를 바탕으로 할 때, 윗글에 나타난 김정희의 예술 세계에 대해 이해한 내용으로 적절하지 않은 것은?

> **〈보기〉**
>
> ⓐ 예술 작품의 내용은 형식에 담긴다. ⓑ 그러므로 감상자의 입장에서 보면 형식으로써 내용을 알게 된다고 할 수 있고, 내용과 형식이 꼭 맞게 이루어진 예술 작품에서 감동을 받는다. ⓒ 따라서 형식에 대한 파악은 예술 작품을 이해하는 데 핵심적인 요소가 된다. ⓓ 예술 작품의 형식은 그것이 속한 문화 속에서 형성되어 온 것이다. ⓔ 이 형식을 이해하고 능숙하게 익히는 것은 작가에게도 매우 중요한 일이다. ⓕ 예술 창작이란 아무것도 없는 것에서 어떤 사물을 창조하는 것이 아니라, 문화적 축적 속에서 새롭게 의미를 찾아 형식화하는 것이기 때문이다. ⓖ 결국 전통의 계승과 혁신의 문제는 예술에서도 오래된 주제이다.

① 전형적인 방식으로 '석란'을 그린 것은 당시 문인화의 전통을 수용한 것이겠군.
② 추사체라는 필법을 새롭게 창안했다는 것은 전통의 답습에 머무르지 않았음을 의미하는군.
③ '부작란도'에서 참모습을 얻었다고 한 것은 의미가 그에 걸맞은 형식을 만난 것이라 할 수 있겠군.
④ 시와 서예와 그림 모두에 능숙했다는 것은 여러 가지 표현 양식을 이해하고 익힌 것이라 할 수 있겠군.
⑤ '부작란도'에서 자신만의 감정을 드러내는 세계를 창출했다는 것은 축적된 문화로부터 멀어지려 한 것이라 할 수 있겠군.

*단계 1) 선택지 키워드 찾기

선택지의 키워드를 찾으면 선택지 구성의 공통점이 보입니다. 이 선택지의 경우에는 '~것은 ~라 할 수 있겠군.'이라는 특징을 가지고 있는데, 지문의 내용을 〈보기〉를 바탕으로 이해한 내용을 묻는 유형의 전형적인 선택지입니다.

키워드는 크게 ☐와 ▨로 나눠지는데 ☐은 본문의 내용에서 근거를 찾아야하고 ▨는 〈보기〉에서 근거를 찾아야합니다. 그리고 둘 사이의 관련성까지 고려하면 끝!

*단계 ②) 키워드의 근거 찾기

① 전형적인 방식으로 '석란'을 그린 것은 당시 문인화의 전통을 수용한 것 이겠군.

- ☐은 본문에서 찾아야한다고 했었죠? 2문단에서 내용을 찾을 수 있습니다. ('당시 청나라에서도 유행하던 전형적인 양식을 따른 묵란화'에서 확인 가능하죠.) ▒은 〈보기〉에 있습니다. 〈보기〉ⓖ에 '전통의 계승'이라는 말이 있네요.

- 마지막으로는 ☐와 ▒, 둘 사이의 관련성을 살펴야하는데요. 전형적인 방식으로 그린 것과 전통 수용은 내용상 관련성이 있습니다. 따라서 ①은 정답이 아니겠네요.

② 추사체라는 필법을 새롭게 창안했다는 것은 전통의 답습에 머무르지 않았음을 의미하는군.

- ☐은 본문 3문단에서 확인 가능합니다. ▒은 〈보기〉의 ⓖ의 '전통의 계승과 혁신의 문제는 예술에서도 오래된 주제이다.'에서 확인할 수 있는데 여기에서 '혁신'은 '전통의 계승'과 대비되는 개념이기 때문입니다. 그리고 '새롭게 창안했다'는 것과 '전통의 답습에 머무르지 않았다'는 것과는 관련성이 있어 보입니다.

③ '부작란도'에서 참모습을 얻었다고 한 것은 의미가 그에 걸맞은 형식을 만난 것 이라 할 수 있겠군.

- ☐은 5문단에서 확인 가능하고 ▒은 〈보기〉ⓑ에서 확인 가능합니다. '참모습'과 '의미가 그의 걸맞은 형식을 만난 것'과 어울립니다.

④ 시와 서예와 그림 모두에 능숙했다는 것은 여러 가지 표현 양식을 이해하고 익힌 것 이라 할 수 있겠군.

  – ☐은 1문단에서 '문인들에게 시, 서예, 그림은 나눌 수 없는 하나'라고 한 부분에서 확인할 수 있습니다. ▨은 〈보기〉ⓔ를 약간 변형한 것이지만 내용상 크게 다르지 않아 쉽게 찾을 수 있습니다. 둘 사이의 관계는 말하지 않아도 알겠죠? 너무 밀접합니다.

  ⑤ '부작란도'에서 자신만의 감정을 드러내는 세계를 창출했다는 것은 축적된 문화로부터 멀어지려 한 것이라 할 수 있겠군.

  – ☐은 4문단에서 확인됩니다. '문인 공통의 이상을 표출하는 관습적인 표현을 넘어 자신만의 감정을 충실히 드러낸 세계를 창출했음을 알 수 있다.'에서 말이죠. ▨은 〈보기〉ⓕ을 변형한 것인데 내용이 다릅니다. 〈보기〉ⓕ은 '문화적 축적 속에서 새롭게 의미를 찾아 형식화하는 것'인 반면 선택지는 '축적된 문화로부터 멀어지려 한 것'이라네요. 정리하면 〈보기〉의 내용이 선택지 내용이 일치하지 않으므로 정답은 ⑤가 됩니다.

❈

  문학에서 〈보기〉유형을 해결하는 방식과 크게 다르지 않습니다. ①키워드 찾고 ②지문과 〈보기〉에서 근거 찾고 ③키워드 간의 관련성을 고려하면 끝! 그러니까 여러분은 선택지의 키워드를 찾는 훈련과 근거를 찾는 훈련을 해야 하겠죠.

  물론 영역마다 〈보기〉의 내용이 다를 수 있습니다. 특히 경제 지문의 그래프나 표, 과학이나 기술 지문의 작동 원리나 과정을 나타낸 그림 등은 정말 머리 아프죠. 하지만 이것 역시 키워드를 찾고 그에 대응되는 근거를 찾아 관련성을 고려한다는 해결 방법은 다르지 않습니다. '이런 지문의 요런 유형은 요렇게 접근해야지.'라는 미시적인 관점보다는 '키워드 찾는 걸 마스터해야지.' 등의 거시적인 목표를 잡고 훈련해야 오히려 좋은 성과를 거둘 수 있습니다.

*세부 단계❷) 정답 확인

문제를 다 풀고 나서(선택지에 근거가 적혀 있는 상태여야 합니다.) 바로 정답지를 보지 말고 2~3시간 지난 후에 다시 한 번 훑어봅니다. 잘못된 게 있는지, 실수한 건 없는지 살펴보세요. 그리고 잘못된 게 있으면 수정합니다.

그리고 난 후 정답을 확인합니다. 그리고 채점하세요. 대신 틀린 것에 정답을 체크하지 않고 틀렸다는 표시만 합니다. 그리고 다시 정답을 찾아봅니다. 그리고 잘못된 것이 있으면 스스로 수정해 봅니다.

이제 해답지를 봅니다. 맞은 문제도 해설까지 맞는지 꼼꼼히 확인합니다. (찍어서 맞은 문제는 오답 노트 행!) 틀린 문제의 경우 채점 후 다시 봤는데도 모르겠는 문제만 오답 노트에 정리합니다. 오답 노트를 작성할 필요가 있는 문제만 3단계를 진행합니다.

*독서 심화 훈련의 단계3) 오답 노트 작성 및 개념 정리

틀린 문제는 오답 노트를 작성합니다. 찍어서 맞힌 문제도 같이 작성합니다. 일단 먼저 본인이 생각한 근거를 작성하고 해답지와 비교하면서 어떤 부분을 잘못 생각해서 오답이 나왔는지 확인합니다.

간혹 국어 선생님들이 하는 말씀이 있습니다.

"문학이든 비문학이든 국어 문제, 결국 똑같습니다."

정말 만고불변의 진리 같은 말이 아닐 수 없습니다. 여러분도 지금까지 쭉 봐왔지만 각 영역 간 문제 유형의 큰 차이가 있던가요? 유형 해결 방법은 어떻습니까? 더 차이가 없죠? 잘 본 겁니다. 문학이든 비문학이든 산문이든 운문이든 사실 유형이나 해결 방법에는 큰 차이가 없습니다. 키워드를 찾고 본문(혹은 〈보기〉)에서 근거를 찾는다는 방법은 변화가 없습니다. 왜 그런 일이 벌어지냐면, 특정한 키워드를 틀리게 만들어서 오답을 만들 수밖에 없는 출제자의 출제 메커니즘, 즉 문제 출제의 발상 방식이 동일하기 때문입니다.

따라서 문법이든 문학이든 심화 훈련은 선택지를 분석적으로 보는 안목

즉 분석적 사고 능력을 기르는 훈련이 되어야 합니다. (이게 키워드 찾기 훈련을 통해 기르는 능력이에요.) 키워드 찾기라는 기계적인 훈련만으로도 문제 풀이 능력은 급격하게 좋아질 수 있습니다.

하지만 문제는 독해력이지요. 지문 독해가 안 되면 문제 푸는 방법이 아무리 숙달되어도(분석적 사고 능력이 아무리 좋아도) 문제에 접근하기 힘듭니다. 따라서 기본 훈련이 정말 중요합니다.

"국어는 잘 읽으면 장땡!"

이 말은 결코 농담이 아닙니다. 혹시 키워드 찾기나 근거 찾기를 충분히 훈련했다고 생각하는데도 문제 풀이 능력이 그다지 좋아지지 않는다고 느끼거나 성적이 들쑥날쑥하다면 여러분의 독해력을 의심해 보세요. 그리고 다시 기본 훈련으로 돌아가세요. (장땡을 잡으세요!)

시간을 지배하라

:수능 실전 훈련법

　여기까지 오느라 대단히 수고 많았습니다. 정말 장합니다. 지금까지 학생들을 지도해 본 결과 기본 훈련, 심화 훈련을 차근차근 밟고 실전 훈련까지 오는 학생은 정말 드물었습니다.(전교에 2~3명 정도 있을까요?) 그만큼 하기 싫고 힘들다는 거지요. 여러분은 세상에 존재하는 칭찬을 위한 수식 어구를 모두 붙여서 칭찬하고 싶을 만큼 대단한 일을 한 것입니다.

　기본 훈련과 심화 훈련을 거치면서 아마 몇 번의 모의고사를 치른 학생도 있을 거라 생각합니다. 생각만큼 성적이 오른 학생도 분명히 있겠지만 그렇지 않은 학생도 많을 겁니다. 그런데 말입니다. (오랜만에 김상중 씨 톤!) 사실, 이때 성적이 오른 학생은 출제 메커니즘을 이해하는 기본 훈련과 실전 훈련만으로 충분히 성적이 오를 수 있을 만큼 본래 뛰어난 사고력과 언어 이해력을 지닌 학생이었다고 할 수 있습니다. 달리 말하면 뛰어난 언어적 능력을 갖추지 못한 일반적인 학생이라면 아직은 성적이 오르지 않는 것이 오히려 당연하다는 말이지요. 왜냐하면 지금까지의 훈련은 정확하고 바르게 문제를 푸는 방식을 공부한 것이었기에 시간에 대한 고려는 전혀 하지 않았습니다. 시간 내에 문제를 다 풀지 못하니 성적이 좋을 리가 없지요. 그러니까 지금까지의 훈련은 성적이 오르는 훈련이 아니라 성적이 오를 수 있는 힘을 길러둔 것이라고 할 수 있어요.

지금부터 시작할 훈련은 성적을 올리는 훈련입니다. 즉, 시간에 맞추어 문제를 푸는 훈련입니다.

보통의 학생은 기본 훈련과 심화 훈련 없이 바로 실전 훈련을 합니다. 이런 학생은 결코 원하는 성적을 받을 수 없습니다. 그들에게는 성적을 올릴 수 있는 힘이 없습니다. 여러분은 다릅니다. 이제 짧은 실전 훈련만으로도 향상된 성적을 볼 수 있을 겁니다.

영역별 문제 풀이의 목표 시간

지금부터 영역별 문제 풀이의 시간을 제시하겠습니다. 모두 문제를 시간 안에 푸는 것을 목표로 훈련합니다.

> 화법, 작문, 문법: 한 문제당 1분
> 문학, 비문학: 한 문제당 1분 40초

화법, 작문, 문법을 한 문제당 1분에 풀면 15분 정도가 걸립니다. 문학과 비문학을 한 문제당 1분 40초에 푼다면 50분 정도가 소요됩니다. 정리하면 60분 만에 45문제를 푸는 것이지요.

이건 어디까지나 이상적인 시간입니다. 60분 만에 45문제를 푸는 것은 쉬운 일이 아닙니다. 하지만 구체적인 목표를 가지고 푸는 것과 마냥 '빨리 풀어야지'라고 생각하고 푸는 것은 천지 차이입니다. 지금까지 시간에 구애받지 않고 정확하게 푸는 연습을 했다면 이제는 빠르게 푸는 연습을 겸해야 합니다. 주어진 시간을 인식하면서 문제를 푸는 훈련을 해야 합니다. 그래야 실제 수능 시험에서 OMR마킹까지 여유롭게 할 수 있는 경지에 오를 수 있습니다.

실전 훈련법

교재와 계획

교재는 EBS 연계 교재로 합니다. 요즘은 학교에서 연계 교재로 진도를 나가는 경우가 많은데 이럴 경우는 예습을 하는 것을 목표치로 삼아서 문제를 풀면 됩니다.

만약 따로 연계 교재를 공부해야 한다면 '7월까지 수능특강을 끝내겠다.'라는 구체적인 목표를 잡고 월간 계획, 주간 계획, 일간 계획을 세우면 됩니다. 계획표는 '심화 훈련 계획표'를 이용하세요. 예컨대 지금이 5월인데, 7월까지 수능특강 1회독을 끝내고 싶다면 화법은 하루에 몇 문제를 풀어야 하는지, 문법은 몇 문제를 풀어야하는지를 정해서 계획을 세워야 한다는 말이지요.

연계 교재를 다 풀면 연계 되지 않는 EBS 문제집을 풀면 됩니다. 그 이후에는 사설 문제집을 구입해서 풉니다.

문제 풀이의 방법

심화 훈련에서는 굉장히 꼼꼼하게 문제를 풀었다면 실전 훈련에서는 오로지 정답을 위한 문제 풀이를 합니다. 심화 훈련에서는 쉽게 정답을 찾을 수 있는 문제도 꼼꼼하게 키워드도 찾고 근거도 찾았다면 실전 훈련에서는 정답이 찾아지면 오답은 보지 않고 바로 다음 문제로 넘어갑니다. 시간이 없기 때문이죠. (한 문제당 1분 40초!!) 채점도 곧바로 합니다.

다만 틀린 문제는 왜 틀렸는지 꼼꼼하게 확인합니다. 처음 실전 훈련을 하면 시간에 쫓기기 마련이지요. 그래서 실수도 잦아집니다. 실수로 틀린 것인지, 아니면 문제를 잘못 읽은 것인지 등을 잘 살펴보고 자신이 어떤 잘못을 자주 저지르는지 잘 살펴보기 바랍니다. 오답 노트는 작성하지 않아도 됩니다. 심화 훈련에서 충분히 했기 때문입니다. (꼭 해야겠다면 말리지는 않습니다.)

처음에는 시간을 인식하면서 문제를 푸는 게 굉장히 어렵습니다. 시간이 모자라서 실수도 많아지고 스트레스도 받을 수 있습니다. 그러나 이런 과정은 당연한 과정이고 생각보다 쉽고 빠르게 극복될 수 있으니 당황하지 말고 적응해 나가기 바랍니다. 여러분은 더 힘든 기본 훈련, 심화 훈련도 다 이겨 낸 프로들이니까요.

모의고사

7월 말 즈음에서 각종 출판사에서 모의고사 문제집이 출판됩니다. 일주일에 두 번은 모의고사 문제집으로 실전처럼 풀면서(OMR카드도 준비해서 마킹까지 하세요. OMR카드는 학교에서 모의고사를 치고 난 후 곧바로 교무실로 가서 챙겨 놓으세요. 많이 남아요.) 실전 감각을 키웁니다. 실제 국어영역을 치르는 시간과 동일한 시간에 풀면 효과가 더 좋으므로 두 번 중 적어도한 번은 주말을 이용해 아침 시간에 풀기 바랍니다.

평가원과 교육청 모의고사는 무조건 쳐야 합니다. 그 해의 수능 경향을 읽을 수 있기 때문이지요. 사설 모의고사도 칠 수 있다면 치는 것을 권합니다. 실전 경험이 중요하기 때문이죠. (이건 팁인데 학교에서 단체로 치르지 않는 사설 모의고사 문제도 가지고 있는 선생님들이 분명히 있습니다. 그 선생님께 음료수 하나 사드리면서 구해서 풀어보세요.)

이 훈련은 수능 전날까지 계속해야 합니다. 그래야 실전 감각을 그대로 유지한 채로 시험장에 들어갈 수 있습니다.

Part 9

마지막 당부

지금까지 수많은 경험을 통해서 알겠지만 성적을 올린다는 것은 쉬운 일이 아닙니다. 상위권으로 올라갈수록 더 힘듭니다. 하루 24시간이 똑같이 주어지는데 남과 다른 성과를 내는 것이 어찌 쉬울 수가 있을까요.

그런데 이렇게 어려운 일의 해결 방법은 간단합니다. 절대적인 공부량을 늘이거나 효율적인 공부를 하는 것뿐이죠. 절대적인 공부량을 늘이기 위해서는 친구들과 잡담하는 시간, 밥 먹는 시간, 자는 시간 등 공부를 하지 않는 시간을 줄이는 수밖에는 없죠. 또 효율적인 공부는 바른 방법으로 철저하게 계획적인 공부를 하는 방법 외에는 없습니다.

정말 많이 들어봤던 얘기죠? 그런데 달리 생각해보면 이것만 하면 성적이 오를 수 있다는 뜻이기도 합니다. 이 책의 목적은 여러분에게 효율적인 공부 방법을 소개하는 것입니다. 국어는 어떤 사고력을 가지고, 어떤 방법으로 공부해야 하는지, 계획은 어떻게 세워야하는지에 대한 정보를 체계적으로 담아내기 위해 노력했습니다. 아마 국어 공부를 어떻게 해야 하는지에 대한 어느 정도의 답이 될 수 있을 것으로 보입니다.

그러나 머리말에서 밝혔듯이 성적을 올리는데 가장 관건이 되는 것은 여러분의 의지입니다. 학업 의지가 있어야 집중력도 좋아질 수 있고 절대적인 공부량도 늘 수 있습니다. 혼자서는 의지를 유지하기 힘들다고 판단되면 친구와 함께 해도 좋습니다. 이 책으로 같이 계획을 세우고 계획을 확인하고 분석이 어려운 지문을 함께 연구하는 스터디그룹을 만들면 설사 잠시 흔들리더라도 다시 제자리를 찾는데 힘을 얻을 수 있습니다. 그리고 그 친구들이 아마 여러분의 평생 친구가 될 겁니다. 진심어린 열정을 나눈 친구는 평생을 함께 할 수 있거든요.

　자, 이제 교과서와 노트, 기출문제 문제집을 꺼내십시오. 여러분들의 목표를 위해, 꿈꾸는 미래를 만들어가기 위해 노력하십시오. 자신의 구체적인 미래의 모습을 그리고 그것을 향해 달려가는 여러분을 상상해 보세요. 달릴 준비가 되었습니까? 멋지게 결승점을 통과할 여러분의 모습을 기대합니다.

부록 – 각종 양식

1. 어휘 노트 양식

문장				
[2] 날짜	[3] 연번	어휘	[4] 추측한 의미	[5] 사전적 의미

[1] 문장: 문장을 적어놓으면 나중에 떠올리기도 좋고 공부했던 당시의 사고 과정을 회상하는 데도 도움이 됩니다. 따라서 문장을 적어둡니다.

[2] 날짜: 매일 공부한 양을 눈으로 확인하기 위해 날짜는 꼭 써둡니다.

[3] 연번: 어휘 노트의 차례를 만들기 위해 필요합니다.

[4] 추측한 의미: 나름의 근거를 들어 추측했다면 틀려도 상관없습니다. 과감하게 씁니다. 아무도 보지 않으니까요. 나중에 본인이 보고 웃을 수는 있겠네요.

[5] 사전적 의미: 긴 수식을 빼고 최대한 간략하게 씁니다.

2. 개념 노트 양식

[1]날짜	[2]연번	오늘의 개념
		[3]**추측한 의미**
		[4]**나만의 의미**

[1]날짜	[2]연번	오늘의 개념
		[3]**추측한 의미**
		[4]**나만의 의미**

[1]날짜	[2]연번	오늘의 개념
		[3]**추측한 의미**
		[4]**나만의 의미**

[1]날짜: 하루에 공부한 양을 확인하기 위해 꼭 필요합니다.

[2]연번: 개념 노트의 차례를 만들기 위해 필요합니다.

[3]추측한 의미: 나름의 근거를 들어 추론한 것이면 틀려도 가치가 있습니다. 다소 말이 안 되더라도 써두세요. 판단의 근거를 살짝 적어주는 것도 도움이 됩니다.

[4]나만의 의미: 사전을 통해 확인했던 내용을 자신만의 언어로 재구성한 내용을 써야 합니다. 사전 그대로 옮기지 않도록 유의하세요. 적어도 단어 하나라도 바꾸려고 노력해봅니다.

3. 오답 노트 양식

[1]날짜	[2]연번	[3]문제
[4]선택지 분석		
[5]틀린 이유		실수 / 개념 이해 부족 / 키워드 찾기 실패 / 근거 찾기 실패
[6]유의점 및 과제		

[1]날짜	[2]연번	[3]문제
[4]선택지 분석		
[5]틀린 이유		실수 / 개념 이해 부족 / 키워드 찾기 실패 / 근거 찾기 실패
[6]유의점 및 과제		

[1]날짜: 하루에 공부한 양을 확인하기 위해 꼭 필요합니다.

[2]연번: 오답 노트의 차례를 만들기 위해 필요합니다.

[3]문제: 문제의 출처를 작성합니다. 예를 들어 '2015학년도 수능 19번 문제'의 형식으로 쓰면 됩니다.

[4]선택지 분석: 다섯 개의 선택지의 키워드와 근거를 간략하게 작성합니다.

[5]틀린 이유: 제시된 네 가지의 이유 중 한 가지를 선택해서 동그라미 칩니다.

[6]유의점: 앞으로 유의해야 할 점이나 공부해야 할 내용을 씁니다. 본인에게 하는 충고 정도로 생각하면 됩니다. 예컨대 '키워드를 꼭 찾고 문제를 풀자', '구개음화 공부하기' 정도면 충분합니다.

4. 기본 훈련 계획표 양식

: 사용방법은 '기본훈련 계획' 참고

1) 독서(비문학)

독서 계획표	월	화	수	목	금	토	총량
목표량							
실시량							
미달량							

2) 현대시

시 계획표	월	화	수	목	금	토	총량
목표량							
실시량							
미달량							

3) 소설

소설 계획표	월	화	수	목	금	토	총량
목표량							
실시량							
미달량							

4) 고전소설

소설 계획표	월	화	수	목	금	토	총량
목표량							
실시량							
미달량							

5) 고전시가

고전시가 계획표	계획		실시			
	총 목표량		실시량		미달량	
월						
화						
수						
목						
금						
토						

5. 심화 훈련 및 실전 훈련 계획표 양식

: 사용 방법은 '심화 훈련 계획' 참고

1) 화법

화법 계획표	월	화	수	목	금	토	총량
목표량							
실시량							
미달량							

2) 작문

작문 계획표	월	화	수	목	금	토	총량
목표량							
실시량							
미달량							

3) 문학

문학 계획표		월	화	수	목	금	토	총량
현대시	목표량							
	실시량							
	미달량							
고전 운문	목표량							
	실시량							
	미달량							
현대 소설	목표량							
	실시량							
	미달량							
고전 산문	목표량							
	실시량							
	미달량							

4) 독서(비문학)

독서 계획표	월	화	수	목	금	토	총량
목표량							
실시량							
미달량							

국어 선생님의 수능과 내신 정복 방법론

국어는 훈련이다

발행일 2016년 7월 27일 1판 1쇄

지은이 이강휘
발행인 최봉규
발행처 지상사(청홍)
등록번호 제2002-000323호

주소 서울 강남구 언주로79길 7(역삼동 730-1) 모두빌 502호
우편번호 06225
전화번호 02)3453-6111 팩시밀리 02)3452-1440
홈페이지 www.jisangsa.co.kr
이메일 jhj-9020@hanmail.net

ⓒ 이강휘, 2016
한국어판 출판권 ⓒ 지상사(청홍), 2016
ISBN 978-89-6502-264-0   (03370)

이 도서의 국립중앙도서관 출판시도서목록(CIP)은 e-CIP홈페이지(http://www.nl.go.kr/ecip)와
국가자료공동목록시스템(http://www.nl.go.kr/kolisnet)에서 이용하실 수 있습니다.
(CIP제어번호: CIP2016010958)